La Esencia de la Vida Espiritual

La Esencia de la Vida Espiritual

una guía que acompaña al que busca

Swami Rama

Himalayan Institute Hospital Trust
Swami Rama Nagar, P.O. Doiwala
Dehradun 248140, Uttaranchal, India

Agradecimientos

Queremos expresar nuestra gratitud a los miembros de la *Asociación Cultural para el estudio del Yoga,* Madrid (España), por traducir este libro al español.

Versión original Inglésa *Sadhana: The Essence of Spiritual Life.*
© 2002 por Himalayan Institute Hospital Trust
ISBN 8-188157-07-4
Library of Congress Control Number 2002113827

Publicado por:

Himalayan Institute Hospital Trust,
Swami Rama Nagar, P.O. Doiwala
Dehradun 248140, Uttaranchal, India
Tel: 91-135-412068, Fax: 91-135-412008
hihtsrc@sancharnet.in; www.hihtindia.org

Distributed by:
Lotus Press
P.O. Box 325
Twin Lakes, WI 53181 USA
lotuspress@lotuspress.com
www.lotuspress.com
800-824-6396

Nota del traductor:
Consciousness se ha traducido por Consciencia.
Conscience se ha traducido por conciencia moral.
Intelect se traduce indistintamente por intelecto y por *Buddhi.*

Mi vida es como una pizarra en la cual un gran sabio de los Himalayas dibujó unas pocas líneas, y con un sentimiento de gratitud todos los pétalos de la flor de mi vida le son ofrecidos.

❁

Contenidos

Prefacio

La vida espiritual es una vida maravillosa. Si estás en el camino es seguro que cometerás errores y es seguro que tropezaras, simplemente porque eres un ser humano. En el camino, la mente pasa por muchas confusiones porque la vida interior y la vida exterior son muy diferentes.

Lo que uno tiene que hacer es crear un puente entre ambas. Un método sistemático es esencial para entender los niveles sutiles de la vida interior y los modos siempre cambiantes del mundo exterior sujeto a deterioro y muerte

Los que pueden servir de faro son necesarios. Una sola persona no puede iluminar el Camino para todos. Hay más de una carretera principal y un gran número de carreteras secundarias.

Durante los muchos años en que hemos sido bendecidos con la presencia de Swamiji, sus enseñanzas han sido como admirables focos de luz, que nos han ayudado a descubrir cada paso difícil para cruzar el puente.

La Esencia de la Vida Espiritual es el fruto de unir algunos de los rayos más brillantes de estos focos, recogidos de las conferencias, notas y cartas dirigidas por Swamiji a los aspirantes. La última sección del libro: *Reflexiones desde el silencio*, consta de extractos obtenidos del diario personal de Swamiji acerca de sus propias experiencias a lo largo del Camino.

Esta colección, concisa y condensada, refleja la brillantez de la esencia sutil, de la Enseñanza sistemática de Swamiji. Su luz brilla para todos los que buscan la Verdad y puedan necesitar ayuda a lo largo del Camino.

Dr. Rajes

Introducción

Un propósito del sadhana de todos los que creen en Dios es llegar a ser de algún modo semejante a Dios. Del mismo modo que el universo de Dios, que es a la vez su ropaje y su Auto-expresión, no es un triste desierto, la vida y las manifestaciones de un creyente no necesitan ser parecidas a un desierto.

Sin embargo, del mismo modo que los desiertos son una fase de la creación de Dios, el ascetismo puede ser una fase de la búsqueda de Dios y de la Plena Realización, pero no es la totalidad. El verdadero ascetismo para encontrar la propia alma y por el bien de la humanidad merece reverencia.

Igualmente merecedor de reverencia y, tal vez más aún, es pisar el camino más pleno y más difícil de sadhana el de los que están en el mundo, pero se mantienen por encima.

La flor de loto se usa a menudo como símbolo en la cultura y mitología de la India, porque el loto crece en el barro pero permanece por encima, sin que el agua ni el barro le toquen ni le afecten.

Puedes vivir en el mundo y sin embargo ser espiritual. No es necesario que renuncies al mundo. Donde sea que estés, quédate. Simplemente sigue dos fórmulas. La primera es para vivir en el mundo exterior:

Todas las cosas del mundo que me son dadas, me son dadas por el Señor. Están hechas para mí y tengo derecho a usarlas, pero no tengo derecho a poseerlas porque no son mías.

Todas las cosas serán medios para ti en tu vida si tienes esta actitud, en lugar de "esto es mío y esto también".Tienes miedo a perder lo que tienes, temes que se deteriore y se descomponga. Deberías aprender a utilizar las cosas de este mundo sin ser posesivo. Como dijo San Bernardo: "Ama tan sólo al Señor. Utiliza las cosas del mundo como medios".

Además, deberías llevar a cabo tus acciones de forma desinteresada, con amor y con habilidad.

No se necesita nada más que eso –una fórmula para el mundo exterior–.

¿Qué hacer para el Ser interior?

Dios está en todas partes. El Señor está en mi; soy su santuario. Del mismo modo que se mantiene limpio un santuario, haré todo lo que pueda para mantener mi cuerpo, mi aliento y mi mente puros y en orden.

Para una persona de sabiduría que sabe la Verdad, lo interior y lo exterior son uno y lo mismo. La libertad interior nace del propio sacrificio, la propia purificación y el autocontrol. Esta libertad deja espacio al espíritu y le permite volar hacia la ilimitada esfera de niveles de ser cuya profundidad no se puede medir.

La Libertad es la Verdad. ¿Por qué entonces vivimos en una jaula sin cielo por encima? ¿en un mundo cerrado por duros hechos? Somos como semillas envueltas en una cáscara dura y pidiendo a gritos nuestra liberación. Millones de seres humanos se mueren como semillas que han perdido su capacidad de germinar.

Los recursos para vivir y tener éxito en la tierra y que la Madre Tierra ofrece a sus hijos son inmensos; pero los que no se percatan de los verdaderos e infinitos recursos que yacen dormidos dentro de la vida humana están desvalidos y ésta auto-privación es la causa del sufrimiento.

¿Habrá un día en que la Consciencia de la multitud se vea iluminada?. Tan sólo entonces los seres humanos y la sociedad entenderán el profundo significado de la Realidad que nos ofrece Amor y emancipación.

Las alegrías recibidas por medio de la oración y de la contemplación son las más grandes de todas las alegrías. Soy el vivo testigo que confirma que la mayor de todas las alegrías no puede darla el mundo. Todas las alegrías del mundo sólo te dan un placer. Este placer no puede nunca verse satisfecho. Una alegría momentánea se llama *vishaya ananda*. Es *ananda* (bienaventuranza) pero tan solo dura un instante.

Los hombres de sabiduría nos dicen que hay otra *ananda –paramananda–* que es algo más elevado, algo duradero, algo que nadie nos puede quitar y que nos libera y nos emancipa.

Lo que es especial en el ser humano es que se percata de su Consciencia. El ardiente deseo de alcanzar la inmortalidad, lo perfecto y lo eterno, hace que el ser humano sea superior a todas las demás criaturas.

Sadhana se prescribe para lograr una vida feliz en el tierra, en el cielo después y finalmente la liberación. Las prácticas espirituales conducen al aspirante hacia su propia Divinidad o hacia experiencias interiores que más adelante ayudan a alcanzar la meta final de la vida.

La vida entera es sadhana.

Preguntas. ¿Es posible para mí conocer a Dios? ¿Es posible que llegue a ser una persona espiritual? ¿Es posible que lo haga?.

Patanjali, el codificador de la ciencia del Yoga, dice: "Oh aspirante, aprende a practicar hasta el último aliento de tu vida".

Que los cielos te den todas las bendiciones para que puedas crecer y desarrollarte y así cumplir con el propósito de la vida. Mis oraciones están siempre contigo.

Con todo mi Amor y mis Bendiciones

Swami Rama

La Verdad

La Verdad es esta Fuerza Divina que reside en cada
corazón. Es la Realidad eterna que todo lo
impregna, que une a todos los individuos, y que
finalmente, abraza la existencia toda en Una sola
Consciencia Divina. Esta Fuerza Divina se llama
Dios.

Creer en la existencia de Dios indica que uno está
buscando la Verdad. La Verdad es aquello que
permanece sin cambio en el pasado, en el presente
y en el futuro. La Verdad no nació nunca y es
inmortal. Para conocer la Verdad, uno necesita
purificar sus pensamientos, sus palabras y sus
obras. La purificación es de la máxima importancia,
porque tan solo a través de una mente purificada
puede un aspirante pensar con claridad y
contemplar.

Una vez que estamos determinados a buscar la
Verdad a través de pensamientos, palabras y obras
purificadas, podemos estar seguros de encontrar
el camino y alcanzar la meta. La Verdad misma se
convierte en nuestra guía, y sin equivocarnos nos
encontramos en el camino correcto.

Aquel que cree en Dios y se entrega a Dios, alcanza la
libertad aquí y ahora. Sabe que pertenece a Dios y
que Dios le pertenece. Su Consciencia gira del
mundo a Dios y vive libre de inseguridad y miedo.
Tiene una fe absoluta en la protección divina.

Las Escrituras nos recuerdan constantemente que, del mismo modo que el océano acepta un río y lo hace suyo, Dios acepta a los que le buscan. No importa qué camino siguen o de donde proceden. El único requisito es el anhelo de saber la Verdad. Una vez que este anhelo se despierta todos los medios y recursos se presentan. El agua encuentra su propio nivel. Del mismo modo un verdadero amante de Dios encuentra a Dios.

La filosofía más elevada es conocer que la Verdad y Dios son uno y lo mismo, y la práctica más elevada es buscar la Verdad a través de los propios pensamientos, palabras y obras.

Hay algo más allá de la religión. La religión aunque esencial en las primeras etapas, no permite ser Uno con la Totalidad. Es como una polilla que come lana de Cachemir, intentando probar a las demás polillas que el Cachemir existe. En todas partes, en el reino de las religiones, me encontré con puertas cerradas. Si alguna vez una puerta se abría por casualidad, terminaba desilusionado por lo que había detrás.

La existencia de Dios no depende de nuestras pruebas. Hay algo equivocado en los filósofos y en los teólogos, porque tienen la curiosa noción de que Dios es una especie de hipótesis que puede ser analizada y discutida.

He visto a personas luchar con la muerte porque no admiten su existencia. Dios, para mí, es un verdadero fuego aniquilador y una Gracia indescriptible. Acepto a ambos.

Es fácil creer en Dios, y creer en Dios es definitivamente mejor que no creer, sin embargo esto es tan sólo medio camino. Es algo muy grande cuando llegas a saber esto:

> Dios está en mi. El Señor reside en mí. Soy un recipiente finito y el Infinito vive dentro de este recipiente finito.

El ser humano es grande, no porque puede hablar y contar cosas y no porque puede sentir. Es grande porque donde sea que vaya el Señor viaja con él.

Nadie ha visto a Dios. Lo más elevado, el Amor sin objeto, es Dios. ¿Cómo conocerlo?. ¿Cómo disfrutar?.

Ver a Dios en cada uno y trabajar para los demás es un modo de disfrutar, pero no es fácil. Tendrás que practicar. Recuerda al Señor todo el tiempo y antes o después serás transformado.

El día en que llegues a saber que el Señor está dentro de ti estarás libre de miedos. Entonces ¿Dónde estás *tu*?, ¿Dónde existes *tu*?. Si percibes que existes separado del Señor del Universo entonces significa que niegas la existencia del Señor del Universo.

Dios lo es todo –un Dios personal, un Dios universal y aquello que está mas allá–. Empieza por un Dios personal, ve hacia el Dios dentro de ti, luego al Dios universal y finalmente más allá.

Amar al bienamado Dios en cualquier objeto es conocimiento, sin embargo entender a Dios en el corazón es la Verdad Real. Es vano intentar buscar a Dios. ¿Quién puede haber más maravilloso que mi propio Ser, que es el Ser de todos?.

Los que ansían ver a Dios son tontos.

Cuando le veo sonreir en la cara de un hombre, de una mujer o de un niño, y sobre todo en mi propio Ser, nazco un millón de veces y muero un millón de veces también.

Ningún dios es más grande que tu propio Ser.

La Meta

Un nacimiento humano no es un fenómeno accidental; tiene un propósito. Un ser humano nace para cumplir una meta.

En la vida no todo ocurre como tú quieres que ocurra, por lo tanto paciencia y determinación son dos virtudes que, si se las cultiva y nutre de forma adecuada, pueden conducirle a uno a alcanzar su meta. La meta es encontrarse a Dios cara a cara y luego vivir en el mundo, y sin embargo permanecer por encima, no afectado.

Cada ser humano nace con todos los medios y recursos necesarios para alcanzar la meta. Los seres humanos han de aprender cómo utilizar sus recursos de forma eficiente y hábil. El poder del pensamiento es la mayor herramienta gracias a la cual uno puede decidir lo que se ha de hacer y lo que se ha de evitar. Un ser humano se pregunta quién es él, de dónde viene y finalmente dónde irá. El poder del pensamiento no le deja descansar hasta que haya desvelado los misterios de la vida.

El mayor de los misterios que un ser humano quiere desvelar es conocer la naturaleza del proceso mismo de pensar, la fuente de la cual este proceso surge y finalmente la verdadera naturaleza de su propio Ser.

El fluir de la vida puede cambiar su curso, puede pasar de un estado a otro, puede manifestarse o no manifestarse, pero nunca se para. Sigue fluyendo hasta que se funde y se hace uno con el océano, la pura Consciencia Suprema.

Flotando en el eterno fluir de la vida un ser humano ha pasado por innumerables estados. La corriente de la vida está llena de las experiencias y de las reacciones a nuestros innumerables nacimientos y muertes. La muerte y el nacimiento parecen ser un círculo interminable.

La única forma de salir de este círculo es aceptar la superioridad del discernimiento, el poder de la voluntad y de la inspiración Divina, sobre los sentidos de percepción y de cognición. El ser humano ha de cambiar su visión del mundo y empezar a mirar la vida desde una perspectiva más elevada.

El ser humano ha de romper este círculo de forma sistemática, paso a paso. Primero ha de percatarse de la naturaleza transitoria de los objetos del mundo y de la cantidad de satisfacción que se deriva de ellos. Los objetos de los sentidos son una fuente de alegría mientras no se llega a conseguirlos. En cuanto se les alcanza, la mente y los sentidos no tardan en experimentar insatisfacción y buscan otros objetos.

El conocimiento acerca de los objetos del mundo y de la tendencia de los sentidos y de la mente ayudan al aspirante a cambiar su percepción. Una emoción de ecuanimidad brota en el corazón. El conocimiento que brota de la ecuanimidad inspira al aspirante a cambiar el curso de su vida. Así, empieza a explorar la posibilidad de encontrar felicidad y paz eterna.

El anhelo espiritual quema todos los deseos triviales y los apegos. El poder de discernir se activa. Toda acción se lleva a cabo con pleno discernimiento. El aspirante purifica sus pensamientos, palabras y actos, y como efecto de esta pureza un día recibe de arriba la Iluminación Divina.

El Camino

El Camino de la Verdad es más estrecho que el ojo de una aguja y tan afilado como el filo de una navaja.

Cuando empieces a expandir tu Consciencia llegarás a saber que en el camino de la espiritualidad lo desconocido siempre ofrece guía. Hemos venido de lo desconocido y volveremos a lo desconocido. Permanecemos en lo conocido tan sólo por un corto tiempo, pero lo desconocido está siempre con nosotros. Por lo tanto, deberíamos confiar en ello. Si pisamos el Camino de la Luz y si por casualidad, por error, por ignorancia, o incluso por mal hábito, cometemos errores, volveremos al Camino, gracias a la guía desde lo desconocido.

Cuando te pongas a estudiar encontrarás muchos caminos, muchas maneras y muchos métodos. Todas estas carreteras llevan a una sola meta. Si practicas y aprendes a seguir un camino por unos días, y después sigues otro camino y luego un mes más tarde otro, esto no te va a ayudar.

Cuando buscas e investigas has de hacerlo con honradez y con todas tus fuerzas, no a medias.

Si la persona que más quieres se interpone en el camino de tu plena realización, abandónala, ve mas allá. Tu mejor amigo es la Verdad y tan sólo la Verdad.

¡Oh Señor, no me dejes tropezar en el Camino de la Verdad!

El Arquitecto

Cuando un ser humano aprende a buscar la religión no en los dioses sino en su propio potencial, entonces sabe de su propia grandeza y que en esta grandeza está su felicidad. Cuando despliega rápidamente los capítulos del manuscrito de su vida, del cual él mismo es autor, empieza a percatarse de quien es él.

Eres el arquitecto de tu vida. Construyes tu propia filosofía y edificas tus propias actitudes. Sin actitudes correctas todo el edificio se tambalea. Cuando te des cuenta de este hecho mirarás dentro de ti.

Una vez que giras tu enfoque hacia dentro el proceso de la transformación empieza, y de forma natural te darás cuenta de muchos niveles de Consciencia. Descubrirás que tu capacidad de conocerte está dentro de ti, y este descubrimiento se convertirá en una fuente de satisfacción para ti. Los hombres de sabiduría del pasado han experimentado este hecho, y han comunicado sus experiencias.

Por desgracia, la gente de la era moderna no sabe como beneficiarse de la sabiduría de los grandes Maestros. El resultado es que la gente sigue buscando la felicidad en el mundo exterior.

Si estudias el viaje de la vida, cuando empieces a desarrollarte y a experimentar la vida y sus necesidades encontrarás de forma constante que la vida está llena de cambios y de modificaciones. Aprende a disfrutar de la vida momento a momento y no te preocupes del futuro. Si cuidas de tu presente, el futuro estará a tu disposición, y un día descubrirás que eres el arquitecto de tu vida.

La Espiritualidad

No es necesario retirarse a un monasterio para llevar una vida espiritual. No podemos escapar de nuestras propias ansias, ni posponer nuestras mayores necesidades. Además de los impulsos primitivos por comida, sexo, sueño y auto-preservación, hay un impulso más elevado de fundirse en lo Divino. No podemos estar en paz si no satisfacemos este anhelo inherente y Divino.

Todos queremos tener experiencia de Dios que es omnipresente y del cual ha surgido el universo entero, lo mismo que cada individuo. La experiencia directa de la verdad, de que cada uno de nosotros tiene su origen en Dios y finalmente retornará a él, nos hace seguros, felices y fuertes.

Hoy día, millones de hombres y de mujeres, cultos y educados, sufren de una falta de propósito. Por falta también de auto confianza, mucha gente joven es víctima de la insatisfacción y de la frustración. Junto con la educación académica, hemos de proveer una educación espiritual.

Los seres humanos, hasta hoy, han investigado tres niveles: la mente, la energía y la materia. Sin embargo no han encontrado todavía una forma de vivir en paz ni de alcanzar una felicidad libre de problemas, penas y sufrimientos. Estudian este "ismo" y aquel "ismo". Van a esta iglesia o a este templo. Buscan consejo en este swami o en aquel yogui, sin embargo, no han encontrado el Camino.

Toda la confusión estriba en el hecho de que no nos entendemos a nosotros mismos, y sin embargo nos presentamos a los demás. Somos extraños para nosotros mismos y sin embargo nos casamos, tenemos hijos, tenemos hogares y afirmamos que amamos a los demás.

El entrenamiento que nos ayuda a alcanzar un estado de felicidad, libre de penas y sufrimientos, falta en nuestra vida diaria. Nadie nos enseña cómo mirar hacia dentro, cómo encontrar dentro, cómo comprobar dentro.

Se nos enseña a ver y conocer cosas del mundo exterior, pero falta este entrenamiento y conocimiento interior. Cuando nos graduamos en los colegios y universidades, encontramos que seguimos insatisfechos. Las grandes preguntas acerca de la vida no han sido contestadas:

¿Quién soy? ¿De dónde vengo? ¿Cuál es el propósito de la vida? ¿Dónde voy a ir después?

La educación moderna nos ayuda a entender y a tener éxito en el mundo exterior, el mundo de los medios. No nos ayuda a conocernos a nosotros mismos.

Para conocerte a ti mismo no necesitas ir a ningún sitio. Si quieres conocerte a ti mismo, tienes que seguir el camino desde lo más denso a lo sutil, luego desde lo más sutil y finalmente hacia los aspectos más sutiles de tu vida. Tienes que buscar por ti mismo, porque las religiones no satisfacen esta necesidad.

No te estoy diciendo que no sigas tu religión, o que no la creas, o que no confíes en ella. A menudo las religiones no contestan a ciertas preguntas esenciales de la vida. Las religiones te dicen qué debes hacer y qué es lo que no debes hacer, pero no te dicen cómo ser.

No importa cuantas iglesias y templos construyamos, no va a ocurrir nada a menos que aceptemos este principio: que el más grande de todos los templos e iglesias es el ser humano vivo.

Las Escrituras dicen:

> El mayor santuario es el cuerpo humano. Mira hacia dentro y encuentra dentro. Allí reside Su Majestad, en los recovecos más profundos, en la cámara oculta de tu entidad.

El día en que sepas esto, serás feliz. Creer en Dios no es malo. Es bueno porque al menos tienes fe; pero no te olvides de que Dios está en ti.

Como parte de nuestro entrenamiento espiritual hemos de definir la espiritualidad en los términos más precisos y universales. La espiritualidad significa aquello que nos ayuda a disciplinar nuestros pensamientos, palabras y obras; aquello que nos conduce al Centro de Consciencia y que por lo tanto despliega todos nuestros potenciales internos.

Una educación basada en directrices tan espirituales ayudará a los seres humanos a ser dignos de confianza, a confiar en ellos mismos y a ser eficientes en el mundo exterior. Al mismo tiempo capacitará a la humanidad para ampliar su visión del mundo y buscar dentro la Verdad perenne. Tan sólo una educación basada en lo espiritual puede traer un equilibrio armonioso a nuestras vidas exteriores e interiores.

El conocimiento de teorías que prueban la existencia de Dios no es tan importante como aprender a disciplinarse de forma que Dios pueda ser experimentado directamente. Se debería enseñar a los niños a sentarse con quietud y a enfocar su mente. A través de la calma y de una mente enfocada, los niños pueden tener un atisbo de verdadera paz y felicidad. No hay necesidad de forzarles a creer que hay un Dios; sin embargo es bueno ofrecerles la oportunidad de desarrollar sus potencialidades interiores, de ganar confianza y tener la inspiración de buscar a Dios de acuerdo con sus propias tendencias internas y su cultura. Los niños necesitan cultivar virtudes divinas en ellos mismos.

Todo aquello que es físico tiene sus límites, como la cáscara de un huevo. La espiritualidad tiene horizontes infinitos y una libertad sin límites. Está llena de conocimiento, de luz perenne, de vida y de deleite. Cuando uno está sin apego ninguno se percata de su relación amplia y profunda con el Ser Universal.

Cuando el ego se percata de algo mayor que él –el espíritu individual o alma– entonces amanece la espiritualidad.

La espiritualidad aparece cuando la individualidad desaparece.

Sadhana

Sadhana es importante. Te proporcionará un conocimiento completo de la vida, con todas sus corrientes y contracorrientes.

Es asombroso observar cómo la mayoría de las personas envueltas en desidia y letargo no se dan cuenta de que la vida en esta tierra es tan sólo un momento breve y que este momento habría de ser aprovechado para purificar el camino del alma. Los que no cumplen con su deber y sin embargo esperan lo mejor de la vida son tontos que viven en un mundo de sueños.

En el paraíso primario de la vida los tontos aspiran a una larga vida. Viven constantemente de la caridad. Son mendigos –cargas para la sociedad y para ellos mismos–. Estos mendigos se envidian unos a otros y sospechan unos de otros, como perros que viven de los favores de sus amos descubriendo sus colmillos, gruñendo, ladrando e intentando morder. Su existencia es una lucha. Su paraíso carece de paz, equilibrio y tranquilidad.

Trabajé mucho durante toda mi vida y alcancé algo que me da reposo. Descubrí que la vida es una mezcla de penas y alegrías; no se puede permitir que ni las unas ni las otras turben el curso de la vida.

Un ser humano no es imperfecto, es incompleto. La naturaleza esencial del ser humano es un horizonte sin límite. La llamada de la Verdad interior está presente en él, con toda su profundidad, pero su lógica analítica es poco profunda.

No se puede alcanzar la paz a través de una simple filosofía o lógica especulativa. Estoy dispuesto a creer que la filosofía es útil para la comprensión de la Ultima Realidad, pero no admito que la filosofía sola nos pueda conducir a la meta última. Por grande que una filosofía pueda ser, ha de completarse por la fe, la emoción y una estricta disciplina de las funciones de la voluntad.

Un sadhaka, un aspirante, ha de pasar por una serie de experiencias. Cuando sus convicciones están filtradas por el modo sistemático y organizado de sadhana, la práctica, la mente empieza a ser penetrante y a enfocarse.

Un aspirante ha de controlar la disipación de la mente. Conquistar los sentidos y la mente ayuda a liberarse de los encantos y de las tentaciones del mundo exterior. Libre de distracciones mundanas no queda en la mente más que el anhelo de conocer a Dios.

Una vez que un anhelo tan exclusivo se despierta el aspirante esta absorbido en contemplar y meditar sobre Dios. Por medio de una constante contemplación y meditación el aspirante empieza a tener atisbos de la Verdad, y estas experiencias refuerzan su fe. Al crecer internamente, esta fe exclusiva se convierte en la fuente de la Fuerza Interior y le da al aspirante la capacidad de caminar hasta lograr la perfección.

El primer desapego logrado por el aspirante es físico y le inspira a desarrollar el poder del Amor y el Conocimiento, que le ayudan a relacionarse de forma armoniosa con el mundo y con la naturaleza. La naturaleza tiene sus propias leyes y ayuda a cada criatura a recibir su Gracia y sus bendiciones de muchas maneras.

La mente humana es compleja con todos sus estados, acciones y armas. El propósito de sadhana es estar libre de las maravillas de la mente y mantenerse libre todo el tiempo.

La libertad es un don Divino otorgado a los mortales. Alguien que busca la verdad primero ha de verse libre de todos los tabúes consagrados por el tiempo. La libertad mental es un hecho aceptado y es muy superior a la libertad física. Un espíritu libre es divino y por eso mismo puede proclamar su relación con Dios.

El potencial para realizar la Verdad está presente en cada ser humano. En algunos permanece dormido, mientras que en otros se ha despertado. Cuanto mas dirijas tu atención hacia la Fuerza Divina, más te percatarás de la vacuidad de los objetos del mundo. Darse cuenta de eso ayuda a retirar la mente del mundo exterior y prepararla para la exploración interior.

Todas las sadhanas, todas las prácticas tienen el propósito de purificar y reforzar la mente, que sino se distrae y te impide darte cuenta de la Realidad que está en ti.

Ser espiritual significa ser consciente de la Realidad todo el tiempo, ser consciente de la Verdad

Absoluta todo el tiempo, y ser consciente del Señor en ti todo el tiempo.

Ciudadano de dos Mundos

Por falta de previsión, las personas consideran su condición actual y sus circunstancias como lo único verdadero. Dando por establecida su condición actual se niegan a explorar las posibilidades de otros estados de existencia. La parte consciente de la mente no llega a captar aquello que está más allá de las esferas de tiempo, espacio y causalidad.

Hay una parte más consciente de la humanidad que se da cuenta, por lo menos de forma subliminal, de que la realidad es más de lo que se sabe y se ve. Según las Escrituras el aspecto de la realidad que está sin manifestar, y que por lo tanto no se ve ni se conoce, es más elevado que el mundo manifiesto.

Aquello que tiene lugar en el mundo físico es un mero reflejo de lo que ya ha tenido lugar en el mundo interior. La naturaleza de la vida interior cambia la calidad de la vida exterior. Nuestra manera de pensar forma nuestra personalidad.

Sin pensamiento correcto y sin discernimiento un ser humano no puede ver su unidad esencial con la Verdad y, por lo tanto, se identifica con su ropaje exterior, el cuerpo. Esta falsa identificación con la materia hace de él una victima del placer y del dolor. El deseo insaciable por el placer y la aversión al dolor le fuerza a pasar de una encarnación a otra.

Un ser humano es un ciudadano de dos mundos y tiene que desarrollar la habilidad de tener acceso a ambos, sin confusión. La claridad de mente llega si has aprendido a dirigir tu mente según tu anhelo y tu meta.

El mundo interior y el exterior son dos realidades enteramente separadas. El mundo exterior disipa tu energía, pero el mundo interior te inunda de bendiciones que llenan el vacío creado por el mundo.

Conquistar el mundo interior es más difícil que tener éxito en el reino de la vida, en el mundo exterior. Un ser humano suele pasar de un éxito a un fracaso porque no se ha entrenado a penetrar en los niveles más sutiles de la vida.

Cuando la Consciencia se expande lo hace en dos dimensiones a la vez: una hacia el ser interior, donde hay paz, felicidad y bienaventuranza; la otra hacia el mundo exterior que está lleno de abundancia y de confusión.

El mundo interior está gobernado por la sutilísima fuerza de los Divino. La Espiritualidad significa dejar que el mundo interior quede iluminado por la Luz de la Fuerza Divina. Los pensamientos, palabras y obras de una persona iluminada están en perfecta armonía. Una persona así sabe que es ciudadana de dos mundos a la vez.

Mantén el equilibrio entre el mundo interior y el exterior. No te dejes atrapar por la rigidez de las posibilidades exteriores, que de hecho no son esenciales. No te dejes afectar por las sugerencias de los demás, sino aprende a seguir tu propio camino que no dañe, moleste ni perjudique a nadie.

Los que viven fuera de si sufren muchísimo, pero los que viven Conscientes de si mismos alcanzan la emancipación y la iluminación. Los pocos afortunados son aquellos que logran crear un puente entre los dos reinos, el de dentro y el de fuera.

La Auto-transformación

Para una transformación genuina y duradera el ser humano ha de practicar un método sistemática de auto-disciplina y auto-entrenamiento. Una mera filosofía y el conocimiento intelectual no le sirven en tiempo de necesidad, si no aprende a utilizar lo esencial de esta filosofía en su vida diaria. Aplicar un conocimiento teórico y vivir con ello cada día se llama práctica.

La práctica requiere disciplina. La disciplina no debería de ser impuesta con rigidez, pero los estudiantes tendrían que aprender a comprometerse y a aceptar la disciplina como algo esencial para el auto crecimiento. Imponer rigidez y seguirla no es de ninguna ayuda.

En el Camino hacia la auto-transformación la auto-disciplina es indispensable, tanto para los que viven en el mundo como para los que renuncian al mismo y acuden a monasterios. Incluso los que renuncian a su hogar y a la actividad en el mundo, siguen acarreando los *samskaras* profundamente arraigados, sembrados en vidas pasadas. Se tarda muchísimo en liberarse de estos *samskaras*.

Convertirse en swami o en monje no es importante. Lo importante es aceptar la vida de auto-disciplina. Es necesario que haya un puente entre la vida exterior y la interior y la disciplina es el cimiento de este puente. Las personas no deberían dejarse tentar por meras técnicas sino que deberían aprender a cultivar la disciplina en ellos mismos.

Los seres humanos han creado un hábito de apoyarse en los demás. Siempre quieren que otros les ayuden y les digan lo que tienen que hacer y lo que no. Esto es un mal habito. Eres un ser humano; deberías hacerte cargo de ti mismo. Si dependes demasiado de un terapeuta, un predicador o un sanador, entonces ¿cuál es la diferencia entre un animal y tú?. Significa que dejas que tu vida esté gobernada por quien te entrena. A fuerza de ponerte a depender de tales terapias y terapeutas, tu poder de auto-motivación y auto-guía no podrá desarrollarse. Las Escrituras, el tesoro de las experiencias de los sabios, dicen con claridad que sólo ayuda la auto-ayuda. Para tal auto-ayuda lo que necesitas es un método sólido de auto-entrenamiento.

De entre todos los métodos de entrenamiento y terapias, el mejor de todos es el auto-entrenamiento, en el cual el ser humano permanece consciente de sus propios pensamientos, palabras y obras. Cuando trabajes sobre ti notarás que cada vez que calmes tu mente consciente burbujas de pensamientos brotarán de repente de tu mente inconsciente.

Para aprender a controlar la mente y sus modificaciones, es esencial pasar por el proceso de la auto-observación, auto-análisis y meditación. Aprender a controlar la mente y estudiar con sumo cuidado la relación entre la mente consciente y la inconsciente, tarda mucho tiempo. Muchas veces puedes pensar que has conquistado tus pensamientos y que tu mente está bajo tu control.

Unos días después alguna burbuja desconocida brota del inconsciente y perturba tu mente consciente, cambiando así tus actitudes y tu conducta.

El proceso de la transformación requiere regularidad y vigilancia. Sin regularidad no es posible trascender los propios modelos de hábitos y transformar la propia personalidad. La paciencia ayuda a mantener la regularidad, mientras que la observación y el auto-análisis ayudan a mantenerse vigilante.

Habrá momentos en que te sentirás frustrado y deprimido, pero si tienes determinación y estás comprometido de veras con tu auto-entrenamiento y auto-transformación es seguro que encontrarás ayuda de una forma o de otra. No te preocupes por el éxito, el fracaso es parte del éxito. Sin embargo no esforzarse es un error.

Tan sólo yo sé de los muchos golpes, patadas y batallas por las cuales he tenido que pasar. Tan sólo te doy unos consejos con muchísimo amor y espero que los sigas con fuerte determinación.

La Fuerza Interior

Si algo no le va bien en la vida el ser humano debería aprender a olvidar y a empezar de nuevo. Fuerza, fuerza y fuerza es una necesidad para tener una vida feliz y, esta fuerza ha de ser Fuerza Interior.

Aprende a ser fuerte dentro de ti.

Cuando aprendes a vivir de tu Fuerza Interior emanas esta Fuerza y esto ayuda a otros también.

¿Dónde está el Señor? El Señor está dentro de ti, asentado en la profundidad, mas allá de tu mente y de tus emociones. Deberías decir esta oración que está centrada en Dios:

> "Soy Tuyo y Tú eres mío. Necesito fuerza; por favor dame fuerza en cualquier situación que me encuentre, Señor, dame fuerza."

Un día tendrás tanta Fuerza Interior que serás testigo de la Realidad, la Verdad Absoluta dentro de ti, y entonces serás feliz.

Valentia

Si no se vigilan los miedos desarrollan fuertes raíces, aunque muy a menudo no tienen raíz. El miedo invita al peligro.

La auto-preservación es el instinto que siempre permanece en guardia para proteger el cuerpo. Este instinto es útil hasta cierto punto, pero no ha de convertirse en una obsesión. Cuando se convierte en una obsesión, todos los potenciales espirituales permanecen dormidos. No se suele examinar los miedos, por esto es por lo que pueden llegar a dominar y controlar la vida humana. Hay que examinarlos con valentía.

El miedo tiene dos caras: podría perder lo que tengo y podría no obtener lo que quiero. No se deben mantener estos dos pensamientos y no se sostienen si recuerdas tu Mantra o la Presencia del Señor dentro de ti.

La valentía es algo muy importante. Hay que mantenerse en el deleite espiritual con constancia para no alimentar al miedo. La valentía proviene de saber que Dios está en nosotros y que estamos en El.

La Fe

La fe basada en la experiencia directa permite la claridad mental necesaria para funcionar en el mundo material y para penetrar en los numerosos niveles desconocidos de la vida. Una fe así no puede nunca ser desconfiada, mientras que la fe ciega está siempre sujeta al escrutinio.

Creer en Dios y experimentar la Presencia de Dios en todo momento, son dos cosas diferentes. Antes de la experiencia de la Verdad real y directa, uno puede creer en la existencia de Dios, pero esta creencia es imperfecta.

La verdadera creencia que se conoce como fe llega después de la experiencia directa. La fe que nace de la experiencia directa se convierte en parte de la entidad del aspirante, y una fe así protege al aspirante como una madre protege a su hijo.

Una creencia basada en los cimientos sólidos de la Verdad es una fuente de fuerza. Una creencia basada en la experiencia directa de la Verdad y que ni la lógica ni los razonamientos pueden contradecir se llama *shraddha*, la fe.

Una fe así se establece a lo largo de muchísimo tiempo. Las experiencias al repetirse fomentan la madurez de la fe. La experiencia directa de la Verdad acaba con todas las dudas y conduce al aspirante a un entendimiento decisivo. Un entendimiento así se convierte en parte inseparable de su entidad. El

Conocimiento se vuelve firme y el aspirante no siente la necesidad de averiguar con otras personas. Sabe que sabe. Tal es su fe.

Sobre la base de esta fe el aspirante empieza su búsqueda y alcanza su meta. La creencia en Dios puede llevar al ser humano a una serie de desilusiones. La fe en Dios le conduce a Dios.

La Determinación

La fe y la determinación son dos escalones esenciales en la escalera de la Iluminación. Sin ellos la Iluminación no puede hacerse realidad. Sin fe podemos alcanzar algún grado de conocimiento intelectual, pero sólo con la fe podemos ver en las más sutiles recámaras de nuestra entidad.

La determinación es el poder que nos hace trascender todas las frustraciones y todos los obstáculos. Ayuda a construir el poder de voluntad que es la verdadera base del éxito, tanto dentro como fuera. Se dice en las Escrituras que con la ayuda de *sankalpa shakti*, el poder de determinación, nada es imposible.

Shakti está detrás de todas las grandes obras hechas por los grandes líderes del mundo. Cuando el poder de determinación no se interrumpe la meta deseada se alcanza de forma inevitable.

Decide que, ocurra lo que ocurra, harás lo que has decidido hacer. Si tienes determinación las distracciones probablemente permanecerán allí, pero seguirás tu camino y no te perturbarán.

Sankalpa (la determinación) es muy importante. No puedes cambiar tus circunstancias, ni el mundo, ni la sociedad, a tu gusto. Si tienes fuerza y determinación puedes ir por la vida con éxito.

Ten confianza, auto confianza y di: "lo haré, lo puedo hacer, lo tengo que hacer". Estas afirmaciones construyen el poder de determinación, *sankalpa shakti*.

La Paciencia

En sadhana la paciencia juega un papel importante.

La paciencia es una gran virtud que necesita ser cultivada. Tienes que dar siempre mucha atención a tu determinación, tus esfuerzos sinceros, tu paciencia, tu regularidad y tu naturaleza amable. Intenta siempre estar vigilante para que las fuerzas opuestas no gobiernen.

Cuando sea que tropieces con un obstáculo, aprende a ser paciente. Tendrás que ser paciente cuando veas el contenido de tu mente inconsciente, los muchos recovecos de tu mente.

La mente dice: " ¿Cómo es posible que tengas el valor de ir hacia el Reino de Dios dentro de ti sin contar conmigo?." La mente a veces se convierte en un demonio, a veces en un ángel, a veces se vuelve mala, a veces sabia. Tiene todas estas cualidades. La mente es un medio para la esclavitud y también puede serlo para la liberación. Si tu mente está a tu disposición no te creará obstáculos.

Has de aprender a ser paciente. La búsqueda del alma te ayuda. Si persistes; entonces, finalmente, encontrarás la Luz en la distancia, la Luz que disipa la oscuridad de la ignorancia. ¿Vas a practicar, por favor?.

Llegará el momento en que sabrás todo cuanto hay que saber. No dejes que la dulce y eterna llama disminuya y no des nombre al que no se puede nombrar.

La Auto-condena

No hay necesidad de que te condenes a ti mismo pensando "soy malo, soy malo, no puedo hacer nada". Desperdicias tanto tiempo condenándote. ¿Quién eres para condenarte?. No te perteneces. Tu cuerpo está hecho de los cinco elementos. No puedes volver a crear tu cuerpo, de modo que es obvio que no te pertenece. Tus pranas no te pertenecen; tu mente no te pertenece. Tu alma no te pertenece ¿Quién eres para proclamar aquello que está mal y aquello que está bien?. Eso no es útil. El uno alimenta tu ego, el otro invalida tu creatividad.

No te condenes. No tienes ningún derecho a hacerlo. La Providencia te creó y has de aprender a respetar su creación. Cuando tropiezas contigo mismo también tropezarás con el mundo. No te hagas daño. Se fuerte.

¿Cómo es eso de que coges el hábito de tener un complejo de inferioridad?. Significa que sientes que eres un trozo de carne, una bolsa de huesos, un vaso de sangre con un cerebro mecánico dentro del cráneo. Eres más que eso. Eres un alma luminosa, una chispa del fuego eterno de Atman. Eres según piensas y te conviertes en lo que piensas. Deja de tener este complejo de inferioridad. Lo que comes, lo que haces y lo que piensas se limita al cuerpo, al aliento y a la mente.

Las Escrituras Budistas dicen que si odias a los demás nada les ocurre, pero algo te ocurre a ti, a tu mente, a tu corazón. Puedes aprender a querer, incluso a los que odias, a base de entender que son seres humanos como tú. ¿Quién soy para odiar a alguien? Deja de odiar y de dañar a los demás, porque esto te daña a ti. No parar de dañarte te puede llevar a actuar de forma que tu mente, tu conciencia moral, no te lo pueda perdonar. No paras de intentar matar tu propia conciencia moral. Deja de hacerlo.

El Ishopanishad te dice que no mates tu conciencia moral. Cuando matas tu conciencia moral ¿cómo puedes amar a los demás?. Has de aprender a apreciarte, a admirarte y a amarte. Luego irradia este amor hacia los demás.

Si alguien te daña se puede curar, pero si tu te dañas ¿Quién te va a curar?. El mayor pecado es el de aquel que constantemente mata su propia conciencia moral. Eso afirman los Upanishads.

Recuerda que un cincuenta por ciento es mi Trabajo y que el otro cincuenta por ciento es tu Trabajo. Hago mi Trabajo y tú haces el tuyo. Suponiendo que tú no hagas tu Trabajo yo seguiré haciendo esfuerzos para ayudarte.

Un ser humano comete muchos errores porque no es perfecto. Cuando te sientas para meditar establece un pequeño dialogo contigo mismo: ¿Qué he hecho hoy que no era correcto?. ¿Qué he dicho que era ofensivo y causaba daño?. Este modo de seguirle la pista a las ideas, pensamientos, acciones y palabras se llama gestión interna.

Un ser humano es como una mansión con muchos pisos. En esta mansión hay diversas fuerzas vitales finas y sutiles. Para gobernar una mansión tan magnífica, hay que vigilar todos los niveles, no sólo las fuentes primarias de comida, sexo, sueño y auto preservación.

Los que son ignorantes se pierden en los objetos materiales que están sujetos a cambio, deterioro y muerte. No se percatan de las fuerzas más finas de vida que son los verdaderos funcionarios internos de esta mansión de vida. El cuerpo es sólo una herramienta tosca. El aliento es más fino y la mente es lo más fino.

Las acciones son las acciones y no deberías identificarte con tus acciones. Has de aprender a construirte una filosofía personal y permanecer libre de culpa.

Cuando tienes un diálogo contigo mismo y descubres que has cometido un error, no lo repitas. ¿Por qué rumiar los errores y crear un sentimiento aún más profundo de culpa?.

Si los actos que consideras ofensivos u obstáculos en el camino no se repiten, entonces estas libre. Un sentimiento de culpa surge porque estás creando una ley para ti mismo, o la sociedad está creando leyes para ti. Si sigues la ley de la vida no hay ninguna razón para que tengas este sentimiento de culpa.

Eres tu propio juez, pero no te obsesiones con los "no debería". La vida no está hecha para llenarse de "no debería". Cuanto más tranquila sea tu vida más se va a purificar, y toda la filosofía cambia.

Esto es un proceso de auto-transformación que realmente ayuda a crecer, a desarrollar y a conseguir.

Los que saben todo acerca de los diversos aspectos de su mente alcanzan la belleza de la vida y disfrutan de ella. Aprecia la vida. Nadie tiene el derecho de condenarla.

Lo que es bueno y lo que es correcto, esto lo hace la mente. Entrega tu mente un rato a la Consciencia Divina y encontrarás la paz.

El Perdón

Los seres humanos continuamente se identifican con sus modelos de pensamientos. Los pensamientos virtualmente son acciones. Identificarte con tus acciones no te beneficia. Estar atrapado por las reglas ciegas y los mandatos de la sociedad significa crearte una cárcel.

No te obsesiones con tus actos pasados. Lo hecho, hecho está. Si quieres volverlo a hacer, hazlo otra vez. Dejar que tu mente viaje por viejos surcos crea un hábito negativo que con el tiempo llega a formar parte de tu vida.

Aprende a perdonarte. Los que no se perdonan a si mismos nunca perdonan a otros. El perdón es la mayor de todas las virtudes.

La Belleza

Exprésate con toda la dulzura que puedas porque la dulzura y el amor son uno y lo mismo. Si aprendes esta lección, puedes transformar muchas vidas. ¡Cuan hermosa es esta vida que no conoce la fealdad de la conducta dura y abrupta!.

La persona más hermosa es la que está siempre llena de alegría y se mueve en esta alegría. Sus movimientos hacen de ella una gran bailarina. Aprende a practicar esta danza.

Si vas hasta el confín de la tierra en busca de ti mismo, nunca encontrarás a nadie como tú. Eres único y nadie se puede comparar contigo. Eres de forma excepcional, única, una obra de arte creada por el mayor de todos los artistas: Lo Divino.

No te conviertas en victima de las imposiciones de la sociedad que siempre roba la sencillez y la profundidad de lo hermoso. Aprende a apreciar tu propia belleza. Un ser humano nunca puede esconder su fealdad con ropa de colores. Cuanto más sencillez tengas, más belleza. Es porque eres Lo Divino por lo que tienes esta hermosura que a nada puede compararse.

Dharma

Aprende a disfrutar de la vida y no formes el hábito de preocuparte. No hay nada de misterio en la vida, pero la vida tiene su propia sombra. Todos los individuos, vayan donde vayan, acarrean su sombra. Esta sombra es como un enorme saco que contiene trillones de ideas, de deseos, de pensamientos y de sentimientos. Los pobres seres humanos llevan esta carga a cuestas hasta su último aliento.

En el intento de satisfacer todos estos deseos, los seres humanos asumen ciertos deberes que se llaman *dharma*. Cada individuo tiene un *dharma* y esto no debería chocar con el *dharma* colectivo de la familia en la cual ha nacido, ni de la sociedad en la cual vive.

Ajustarse lleva al contentamiento.

La Felicidad

Hay tres cosas importantes: primero, aprender a amar tu deber y segundo tener el entendimiento de que todas las cosas de este mundo son medios y no están hechas para ser poseídas.

La tercera es recordar ser feliz en todas las situaciones. No importa donde vayas, en cualquier situación, hagas lo que hagas, mañana, tarde y noche – aprende a ser feliz– ¡No lo olvides nunca!.

Sea lo que sea que la gente considere como ser feliz, la felicidad es un concepto y varía según la edad y la experiencia. Mucha gente está contenta, con cosas o sin ellas. Otros nunca están contentos, no importa cuanto tengan.

La felicidad no es tener lo que quieres, sino querer lo que tienes.

En algunos pueblos de la India para sacar agua de un pozo siguen utilizando un método que consiste en una rueda tirada por caballos o bueyes. Una vez un jinete pasó por allí y quiso que su caballo bebiera. La máquina que saca el agua del pozo hacía mucho ruido. El caballo trató de escapar. El jinete dijo "por favor, parad este ruido que mi caballo quiere escapar", el campesino dijo "si se para el sonido también se para el agua". El jinete preguntó ¿Qué podemos hacer?. El campesino respondió: Crear una condición para su caballo, de modo que tenga agua en esta situación.

Tienes que crear una condición así en este mundo para ser feliz. Esto requiere esfuerzos humanos. De otro modo el agua se para. Todos quieren parar el sonido, el ruido, la polución. Sin embargo, si van al bosque donde no hay nada, les molestará el sonido del viento.

No se puede encontrar paz en ningún sitio si no hay paz interior. La paz no significa que nadie haga ruido. El ruido seguirá. A pesar de ello puede haber paz dentro. En todas las situaciones, no importa lo que ocurra, mantén tu paz interior.

Hay un problema con el concepto que la gente suele tener del disfrute. Necesitan un objeto con que disfrutar y luego dependen de este objeto. Buscan un objeto y trabajan duro para conseguirlo; luego les decepciona, porque ningún objeto tiene la capacidad de ofrecer felicidad. El disfrute no es un concepto, es un estado interior que hay que crear. El disfrute significa que cada momento de la vida puede ser disfrutado.

Tu sufrimiento proviene de su pensamiento. La mente es como una regla pequeña que no tiene poder para medir o sondear los niveles más profundos de tu entidad. Tu mente y tu corazón unidos de forma sistemática pueden ayudar a experimentar el contentamiento.

El contentamiento es la primera y la mayor virtud a cultivar. Tan sólo llega cuando has cumplido con tus deberes al máximo de tu capacidad, sin preocuparte por los resultados. Es una virtud que siempre ayuda y nunca decepciona al aspirante.

No guardes pensamientos de indecisión en tu mente, porque perjudican el equilibrio y crean enfermedad. La vida es muy corta y has de aprender a disfrutar de cada momento a base de recordar al Señor de la Vida y asumiendo siempre que tu cuerpo es un santuario para su Presencia.

El Señor de la Vida es Amor. No estés nunca triste. Sé feliz y cuida de tu felicidad. Salta a la alegría sin preocuparte por el futuro. ¿Por qué permanecer serio?. Aprende a saltar de alegría y a sonreir todo el tiempo. Que Dios te bendiga.

La Felicidad está en nosotros y su fuente es el Centro de Conciencia, de Amor y de Sabiduría.

La Renuncia

El verdadero disfrute no se puede tener nunca a través de la satisfacción de la codicia, sino tan sólo a través de la renuncia del ser individual al Ser Universal.

Cuando Cristo fue sacrificado nunca dijo: "lo siento, soltadme de esta cruz".Cristo tenía convicción. Tenía fe en Dios. Tenía tanta fe en Dios que no le importaba lo que le ocurría a su cuerpo. Esto es algo grande. Y lo mismo pasó con Buda y con Krishna. Buda permanecía en quietud y Krishna tocaba la flauta. ¿Por qué la flauta cuando hay tantos otros buenos instrumentos?.

Una flauta tiene muchos agujeros, justo como un ser humano tiene muchas debilidades. Sin embargo una flauta no tiene nada dentro, está vacía. Cristo dijo: "Vaciaros y yo os llenaré".

Teniendo muchos agujeros, si te conviertes en un instrumento de Dios una hermosa melodía saldrá. En todas las condiciones confía en Dios que está en ti y es testigo de tus pensamientos, palabras y obras.

El Desinterés

Siéntate y en quietud piensa en lo que has hecho en tu vida, porque al final, en el período de transición, tendrás que enfrentarte a ti mismo. ¿Qué has hecho que sea satisfactorio? ¿Has hecho algo sin egoísmo, con total desinterés?.

Sigues con tu trabajo y recogiendo los frutos y luego atesoras. De este modo no puede haber liberación. Todo el sufrimiento y el caos del mundo son por eso. Alguien tiene en abundancia, entonces otro ni siquiera puede comer. Esta disparidad y el sufrimiento que encontramos lo creamos nosotros.

¿Cómo puedes estar tan tranquilo si la casa de tu vecino está ardiendo? ¿Cómo puedes decir que estás en paz y no sientes ningún amor?. Los que entienden la vida entienden las pequeñas olas de la vida. Somos como estas pequeñas olas en el gran océano de la Bienaventuranza.

Si sufres, yo también sufro, aunque no me dé cuenta de ello. ¿Cómo puedo vivir sin sufrir?. Si mi pie sufre, toda mi entidad sufre. Todos somos miembros de un enorme, inmenso *prajapati* (ser) – el universo entero–. ¿Cómo podemos vivir tan felices? Aprendamos a dejar de atesorar y a dar. ¿A quien?. No a extraños. No te estoy diciendo algo que no es práctico. Da a los que viven contigo.

No trabajes para ti, ésta no es la forma de vivir. Te volverás egoísta. Aprende a trabajar para los demás. Si la mujer aprende a trabajar para su marido y el marido para la mujer ambos serán felices. Los problemas llegan cuando ambos se vuelven egoístas, exigentes y tienen expectativas el uno del otro. Aprende el camino del desinterés. Este es el único camino hacia la liberación.

Aprended a daros el uno al otro, y luego, despacito, este aprendizaje se expandirá al universo entero. Un día sentirás que todo el universo es tu familia, y que eres uno de los miembros de esta familia.

En el camino del desinterés hay gran alegría.

El desinterés es la expresión singular del amor.

La Realidad

La naturaleza de la Realidad es el juego del escondite, el cual es realmente el único juego que hay. Ahora lo ves y ahora ya no lo ves.

Aquello que sonríe a través de todas las cosas es una sola Realidad, y ésta Realidad Una se llama Una sin segunda. Hay tan sólo esta Realidad Una que existe debajo de todas las formas del mundo. Tan sólo hay la Realidad Una –aquí, allí y en todas partes–. Incomparable, eterna, sin cambio.

Se dice que mientras exista el sentido de la dualidad también existe un espacio y, con ello, viene un sentido de tiempo. Estos le atan a uno bajo ciertas condiciones y por eso hay miedo, agonía y dolor.

Si sólo hay Uno ¿Qué es lo que hay que temer? El miedo significa afirmar que hay mas de Uno al mismo tiempo. Hay sólo un Infinito que se ama a Sí Mismo, que vive en Sí Mismo en la alegría eterna.

Camina solo y no te sientas solo, porque de hecho estás solo, lo cual significa: todo en Uno.

Tiempo, Espacio y Causalidad

Es importante conocer los tres factores que condicionan la mente: el tiempo, el espacio y la causalidad. Tienes miedo de alguien porque reconoces la existencia de ese alguien como diferente a la tuya. Si tan sólo hay Uno ¿Quién tiene miedo a quien?. Cuando todos los deseos son tragados por una sola ola, y cuando sólo existe esta ola, entonces no hay ni tiempo, ni espacio, ni causalidad.

El tiempo, el espacio y la causalidad te impiden percatarte de la unidad en la diversidad.

Los secretos de la vida y de la muerte tan sólo están revelados a unos pocos afortunados. Es un ser humano muy especial el que puede levantar el velo del tiempo, del espacio y de la causalidad y entonces conocer el pasado, el presente y el futuro como tan sólo comas y puntos y comas en una larga frase sin edad.

Karma

Una persona lleva a cabo unas acciones y está remunerada. Los frutos de sus acciones la motivan a volver a llevar a cabo más acciones y vuelve a recibir compensación. Esto se convierte en un ciclo: el fruto surge de la acción y la acción surge del fruto. Desde tiempo inmemorial la vida ha tenido este proceso. Esto se llama la rueda de Karma.

La ley de Karma se aplica por igual a todos. Nuestros *samskaras* pasados tienen raíces profundas en nuestro inconsciente. Estos *samskaras* o impresiones latentes crean varias burbujas de pensamientos, que se expresan a través de nuestras palabras y acciones.

El aspirante puede liberarse de estos *samskaras*. Aquellos que pueden quemar estos *samskaras* en el fuego del no apego o Conocimiento, están libres de la esclavitud que estos *samskaras* crean. Son como una cuerda quemada que ha perdido su poder de atar aunque sigue pareciendo una cuerda.

Cuando las impresiones latentes, aunque sigan todavía en el inconsciente, están quemadas por el fuego del Conocimiento, pierden su poder de germinar y nunca crecerán. Son como granos de café tostado. Puedes utilizarlos para hacer café, pero no pueden crecer.

Nadie puede vivir sin llevar a cabo acciones. Cuando llevas a cabo acciones recoges el fruto de tus acciones. "Según siembras, así recoges". Nadie puede escapar a esta Ley.

Cuando recoges el fruto de tus acciones estas acciones te impulsan a llevar a cabo más acciones. En apariencia esto no tiene fin y crea un sentido de desamparo. No puedes vivir sin cumplir con tu deber, pero cuando lo haces te encuentras atrapado en un torbellino. No eres feliz porque así tu deber te esclaviza.

Lo primero que tienes que aprender es cómo llevar a cabo tus acciones y sin embargo permanecer inafectado. Cumplir con tus deberes no debería significar para ti tensiones y presiones. No debería esclavizarte.

Deberías cambiar de actitud. Una buena mañana toma la decisión de cumplir con tu deber con amor, independientemente de las expectativas.

Sin piensas así descubrirás que no estarás cansado al final del día, como es habitual.

No tienes otra alternativa más que aprender a amar tus deberes. Entonces se vuelve todo fácil. Si no amas a algo y sin embargo lo haces, esto crea una división en tu mente y produce tensión. Aprende a crear amor hacia tus deberes. Se puede hacer.

Esto se llama habilidad humana, esfuerzo humano. La Gracia brota cuando has hecho tus esfuerzos humanos. Por lo tanto haz estos esfuerzos con amor. Aprende a amar.

Es posible vivir perfectamente bien en la tierra si uno es capaz de trabajar y de amar –trabajar por lo que uno ama y amar aquel trabajo.

El no Apego

Si quieres realmente disfrutar de la vida y ser feliz, aprende a practicar y a entender la filosofía del no apego.

Los occidentales muchas veces piensan que es imposible practicar la filosofía del no apego. Si profundizas en el proceso de pensar descubrirás que es la única filosofía que sirve.

El no apego es como un fuego que puede quemar el poder compulsivo de atar que tienen los *samskaras*.

El no apago no significa indiferencia o falta de amor. No apego y amor son uno y lo mismo. El no apego proporciona libertad y el apego proporciona esclavitud.

Hemos venido de lo desconocido y volveremos a ello. Deberíamos sentir agradecimiento al Señor, a la Providencia, por lo que sea que tengamos. Todas las cosas del mundo están hechas para nosotros y tenemos derecho a utilizarlas. Pero no son nuestras, de modo que no deberíamos intentar poseerlas. No tenemos derecho a ser propietarios de las cosas que tenemos, porque nos han sido dadas para que las utilicemos pero nuestras no son. Las hemos de utilizar como medios, pero no poseemos nada.

Aprende a amar las cosas del mundo tan sólo como medios, pero no te apegues a ellas. Tal es el secreto de la filosofía del no apego.

Darnos cuenta de la grandeza de la Fuerza Divina y de lo evanescente de los objetos del mundo nos lleva a puro *vairagya* (desapego). A la luz del no apego el aspirante llega poco a poco a liberarse de sus deseos, caprichos, ambiciones y ansiedades.

Al estar libre de distracciones el aspirante puede dedicarse de pleno a su práctica. El no apego enriquece la naturaleza de su práctica. La práctica combinada con el no apego le ayuda a continuar su búsqueda hasta alcanzar la meta.

El Cuerpo

Para cualquier práctica el aspirante necesita un cuerpo fuerte y sano. El cuerpo es un gran instrumento y hay que cuidarlo correctamente.

El cuerpo es una proyección de la mente. Cualquier agitación en el cuerpo o en el sistema nervioso tiene su causa en la mente. Todo el cuerpo está en la mente, pero toda la mente no está en el cuerpo. La mente puede saber de cualquier cosa que esté en el cuerpo, pero el cuerpo no puede saber lo que hay en la mente.

La salud física se considera como una parte esencial de la práctica espiritual. Un cuerpo que no está sano disipa la mente, porque entonces todas las energías van sólo hacia el cuerpo. Alguien con un cuerpo enfermo no tiene la energía para Trabajar sobre otros aspectos de su entidad.

No ignores la salud. El cuerpo es un instrumento y necesita cuidados. Somos sólo guardianes de nuestro cuerpo, de nuestro aliento y de nuestra mente. Eres un alma pura –ésta es tu verdadera naturaleza–.

Las Cuatro Fuentes

Si analizas tus actitudes mentales, descubrirás que éstas actitudes tienen raíces más profundas que simples pensamientos. Todas las raíces de tus actitudes están en las cuatro fuentes primitivas: comida, sexo, sueño y auto-preservación. Si realmente quieres hacer sadhana y entender la vida y todas las motivaciones que controlan tu fuerza vital, tienes que entender estas cuatro fuentes primitivas. Cualquier problema que tengas se puede remontar hacia estas cuatro fuentes.

COMIDA

Los hábitos de la dieta juegan un papel importante durante sadhana. El sadhaka tiene que tener cuidado de seguir una dieta que no polucione su cuerpo ni agite su sistema nervioso. Ha de restringir el azúcar, la sal y la grasa. Esto le da una alegría que proviene de tener cuerpo, aliento y mente sanos.

No debe meditar cuando tiene hambre ni cuando ha comido de más, ni cuando está cansado o tiene sueño, o cuando tiene problemas de digestión. Tiene que elegir un momento adecuado.

SEXO

Mucha gente vive para el sexo, pero cuando llega la oportunidad no pueden disfrutar de ello. Para tener una experiencia de disfrute una persona tiene que tener fuerza interior, y a veces no la tiene. A causa de los hábitos alimentarios, o de la falta de descanso o porque no sabe como recibir un sueño de calidad, el cuerpo no está coordinado con la mente. Entonces no sabe cómo actuar o comportarse con otra persona durante el acto sexual y tiene miedo.

El sexo es muy dañino si se practica sin amor. Algunas personas lo practican como un ejercicio físico, pero esto no es una forma sana de considerar el sexo. El apetito para la comida está relacionado directamente con el cuerpo, pero no es así para el sexo. A menos que el pensamiento o el sentimiento surja en la mente no se puede practicar el sexo.

La sexualidad ocurre primero en la mente y luego se expresa a través del cuerpo. El deseo de comer surge primero en el cuerpo y luego la comida afecta la mente.

EL SUEÑO

La alegría y el placer que proporciona el sueño son mayores que cualquier otro placer, incluidos la comida o el sexo.

El proceso del sueño provee descanso al cuerpo. El sueño es el estado en el cual no hay contenido en la mente. Si se vacía la mente de pensamiento consciente entonces se puede dormir.

Después de dormir es frecuente sentirse cansado por la mañana, porque no se suele saber cómo tener un sueño de buena calidad. A veces una persona no puede dormir porque tiene mucha ansiedad y muchos problemas que resolver. Incluso con el mejor de los sueños sigue habiendo cansancio, porque una parte de uno, la mente, permanece despierta incluso en el sueño más profundo. Seis o siete horas de sueño son buenas. Forzarse a no dormir no es sano.

Un aspirante ha de aprender a despertarse antes del amanecer, pase lo que pase. La pereza o inercia es lo que más trabas crea al progreso humano.

Los yoguis practican una clase diferente de sueño que se llama *yoga nidra*. Utilizando *yoga nidra* se duerme a voluntad. Los sabios entendieron que el sueño no da reposo completo y descubrieron el método llamado *yoga nidra*, en el cual se aprende a dormir pero a permanecer consciente.

En este estado, aunque se está profundamente dormido, se puede recordar todas las cosas que ocurrieron alrededor. Todo el mundo se cree que el aspirante está durmiendo, pero es plenamente consciente y descansa. En este método se da al cuerpo total reposo, la respiración es tranquila y la mente está serena.

LA AUTO-PRESERVACIÓN

De todas estas fuerzas la auto-preservación es la más fuerte, tanto en los animales como en los seres humanos. Si la vida está amenazada uno intenta escapar corriendo o protegerse con todas las fuerzas y habilidades posibles. Hay en toda criatura viva un miedo inherente a la posibilidad de perder el cuerpo.

El miedo existe porque se teme perder lo que se tiene o no obtener lo que se desea.

Cuando el ser humano aprende algo acerca de estas cuatro fuentes primitivas y cómo tratarlas, entonces le resulta más fácil controlar su dieta, o su sueño o su sexualidad. Por el mero hecho de ser un ser humano hay que aprender este auto control. Para preservar y mantener su cuerpo ha de comer comida sana y aprender a dormir en cuanto se sienta cansado.

Las Emociones

Todas tus emociones están relacionadas con las cuatro fuentes primitivas. De estos cuatro impulsos o motivaciones surgen seis corrientes de emociones. *Kama* es el deseo primordial, el ansia de placer y de poder. La segunda corriente es *Krodha*, la ira; si un deseo no se cumple te sientes irritado y frustrado. Si este mismo deseo se cumple te hinchas de orgullo, *Muda*, la tercera corriente. Luego te apegas al objeto que cumplió tu deseo, esto es *Moha*. La siguiente corriente es *Lobha*, que significa que te vuelves codicioso y quieres más y más. Cuando la codicia predomina hace todo lo necesario para alimentar a *Ahamkara*, el ego, esto te impide conocer a tu propio ser.

Aprende a tener un temperamento ecuánime a base de no enfadarte como lo haces de vez en cuando.

La tristeza y la soledad son dos compañeros en el camino de sadhana. Tu Mantra es tu gran compañero y no tienes porque tener momentos de desesperación.

Si encauzas correctamente las emociones te pueden llevar al más alto estado de éxtasis.

La Mente

Todas las sadhanas tienen un tema central: tener una mente ordenada que no cree obstáculos en el camino del desarrollo interior y no impida el éxito en el mundo exterior.

Tu cuerpo es tu instrumento físico para vivir en el mundo exterior. Tu mente o instrumento interior es A*ntahkarana*. El A*ntahkarana* tiene cuatro facultades que funcionan en el mundo interior: *Manas* (la mente activa),*Chitta* (el subconsciente; el almacén o depósito de las impresiones sutiles o *samskaras), Buddhi* (el intelecto) y *Ahamkara* (el ego o sentido de yoidad, la individualidad). *Manas* tiene cinco sentidos sutiles y cinco sentidos densos para experimentar el mundo exterior –el mundo de los objetos–. Coordinar las cuatro facultades requiere verdadero esfuerzo y hace a la mente creativa, útil y productiva.

Estas cuatro facultades de la mente han de ser observadas con precisión y su funcionamiento ha de analizarse en la vida diaria. Si haces cuentas y sabes cuanto dinero has gastado y cuanto te queda, seguramente eres capaz de hacer cuentas con las funciones de tu mente, tanto hacia dentro como hacia fuera.

El pensamiento, la acción y el habla son los tres objetos a observar ¿Cómo pienso y qué siento? ¿Cómo hablo y qué me mueve a hablar de esta manera? ¿Mi forma de hablar me es útil a mí y a los demás?.

Los pensamientos van y vienen. No te obsesiones con ellos. Todos los pensamientos tienen algún origen. Descubre de donde provienen. Si tiras un guijarro a un lago creará ondas dos veces; primero cuando lo tiras y luego otra vez cuando toca el fondo del lago.

No dejes que los pensamientos se instalen en el lago de tu mente. Si llega un pensamiento desagradable, déjalo pasar. Que no te afecte. De no ser así vas a perder la batalla constante que tus pensamientos libran. Entabla amistad con tu mente y así no creas animadversión hacia ella.

Cualquier pensamiento creativo envuelto en amor desinteresado y servicio hacia los demás, si no se expresa y se ejecuta es como un engaño, o un aborto. Si los pensamientos positivos no se transforman en acción surgen frustraciones que pueden crear represión. Un día, esta represión se proyecta a través del cuerpo como enfermedad.

Donde sea que vayas, llevas a tu mente contigo. Tienes que empezar a trabajar con ella, donde sea que estés. De nada sirve conocer a Dios, porque Él siempre existe en todas partes. De nada sirve conocer al mundo, porque allí está y ya ha sido conocido y analizado por muchos. El misterio está entre los dos, es decir: en la mente. La mente te puede llevar a un reino más elevado de sabiduría y te puede poner en contacto con la Consciencia colectiva.

Sadhana es para la mente. Si entrenas tu mente llegas a algo. Si no se purifica la mente con una disciplina definida sufrirá alucinación. Los que no conocen sadhana siguen peleándose con su mente hasta su último aliento.

A menos que se entrene la mente de una forma coordinada, a base de entender todas sus modificaciones, permanece indisciplinada, desordenada y acaparada por su *dharma* primitivo. Una mente no entrenada interfiere con los sentimientos espontáneos que surgen del corazón.

La mente es la causa tanto de la esclavitud como de la liberación. Una mente enfocada puede ayudarte a ir hacia dentro de ti y desvelar el misterio de la vida interior, en cambio una mente indisciplinada permanece disipada.

Una mente orientada sólo hacia fuera corre de un objeto a otro, esperando encontrar paz y felicidad en el mundo exterior. Puesto que carece de atención hacia dentro, la mente rechaza la guía y la inspiración de la Fuerza Divina sutil. Una mente no guiada por la Luz Divina se yergue como una pared entre el aspirante y su meta. Con una mente así uno no logra estudiar las dimensiones interiores de la vida, y como resultado de ello considera que el mundo exterior es la única realidad.

Para alcanzar la perfección aquí y ahora hay que emprender alguna disciplina espiritual. Sin práctica no se puede tener control sobre las modificaciones de la mente. A menos que la mente aprenda a enfocarse, el gran potencial interior no puede ser desarrollado.

El método para poder enfocar la mente se llama meditación. Por medio de la meditación un aspirante retira su mente del mundo exterior, la enfoca sobre un objeto interior determinado y desarrolla un interés por sumergirse hacia dentro.

Una vez que un aspirante ha conseguido liberarse de las distracciones que ocurren en la parte consciente de su mente, puede entender mejor las construcciones mentales que tienen su origen en la parte inconsciente. Mediante la práctica prolongada y sin alteración, un estudiante entra en la profundidad y se va familiarizando con sus potenciales inherentes. Observa cómo las experiencias del mundo exterior son un mero reflejo del mundo interior.

No hay conflicto en la vida. El conflicto tiene lugar en la mente. La mente necesita entrenamiento. Aunque su mente entrenada no sea capaz de llevar al aspirante hasta la cumbre, quitará los obstáculos del camino. Una mente libre es la gracia del Señor.

Cuando un aspirante ha entendido la parte consciente de la mente, y ha ganado control sobre ella, lleva a cabo sus acciones de forma natural con habilidad y eficiencia. La parte consciente de la mente es muy pequeña comparada con la parte inconsciente; sin embargo hay una íntima interacción entre ambas.

Disfruta de la vida momento a momento y no te dejes afectar por nada. Lo que no ha de ocurrir no ocurrirá y lo que tiene que ocurrir, ocurrirá. Por lo tanto la quietud no debe ser perturbada. Una mente tranquila y equilibrada no es un taller de negatividad.

No te identifiques nunca con tu mente, con sus objetos, emociones, conversaciones o acciones. No te identifiques nunca con nada que hagas o pienses;

quédate en el eterno deleite estableciéndote en tu naturaleza esencial que es paz, felicidad y bienaventuranza.

El Ego

Quien esté en el camino de la auto-transformación ha de percatarse de los peligros del egoísmo. Incluso cuando practica las grandes virtudes de sinceridad y no violencia, puede estar alimentando su ego. El ego relacionado con el reino de la espiritualidad es más sutil y dañino que el ego relacionado con el éxito mundano.

Durante el período de búsqueda, el estudiante puede llegar a ser demasiado intelectual, ignorando *sahaja-bhava* (la intuición espontánea), o al revés, puede llegar a ser demasiado emocional, ignorando la razón. Un auto-bombo emocional es tan peligroso como el auto-bombo intelectual, cada uno alimenta al ego.

Un ser humano es esclavo de su ego cuando piensa en ganancias para sí. Una persona egoísta permanece en estado de duda, puesto que su conciencia moral le recuerda constantemente el error de su actitud.

Por un lado sus deseos egoístas tiran de él, y por el otro su vocecita interior le deja intranquilo. Se siente tiranizado por estas dos fuerzas.

Nunca jamás te condenes a ti mismo de ningún modo. Aprende a apreciarte y a admirarte, pero vigila para no engordar tu ego. Él es el enemigo del Camino, aunque con esfuerzo se le pueda pulir.

Reconoce tus puntos débiles, deja que tu poder de discernimiento aconseje a tu ego y ten la firme determinación de superar tus debilidades. Mientras trabajas en equilibrar tus puntos débiles, has de estar muy vigilante. Al ego no le gusta nada que sus debilidades queden expuestas. Sin embargo, cuanto más las escondas, más crecen. Recuerda que estás en el camino de la purificación interior y del auto-descubrimiento y esto requiere muchísimo valor. Mantente firme y apoya a Atman, no temas desmantelar las fronteras de tu ego.

Un ser humano se siente muy desgraciado si no desarrolla y utiliza toda su potencialidad interior, y para hacer esto ha de purificar su ego y hacer que se rinda ante la Realidad Divina Interior. Después de renunciar a ser esclavo de su ego puede traspasar la frontera de su cuerpo, sentidos y mente.

Tan sólo un método profundo de meditación puede ayudar a purificar el ego. Un ego purificado no crea barreras.

A base de practicar con diligencia, la mente puede llegar a concentrarse, así uno puede decir la verdad y servir a los demás, pero no puede Realizar la Verdad a menos que haga entrega del ego a su Ser Verdadero. Uno puede encontrar el universo interior tan sólo después de elevarse por encima de la conciencia egocéntrica. Tan sólo entonces uno puede aprender a amar a todos sin excluir a nadie. Quien no ame a los demás seres humanos no puede amar a Dios.

La humanidad sufre de diferencias y de desigualdades nacidas del ego. La gente se separa de sus hermanos y hermanas tan sólo basándose en la raza, la religión, la casta o el color de la piel. Para estar libre de esta clase de problemas un arreglo político no es suficiente.

Cuando los seres humanos entiendan que todo su sufrimiento proviene del ego, entonces podrán resolver sus diferencias. Dejarán a un lado las estrecheces de razas, casta, religión y sentimientos sectarios. En vez de identificarse con un grupo o una comunidad particular, se identificaran con todos los seres humanos. Los amarán a todos como miembros de una misma familia.

El ego es muy útil para ayudarte a funcionar en el mundo, pero no es muy útil en lo que se refiere a una felicidad más profunda. El ego es aquello que te separa de la Realidad, de la Verdad, de la Fuente Suprema.

El paso más importante hacia la auto transformación es abandonar el propio ego, haciendo entrega de él a la Verdadera Realidad, y así tener la luz del discernimiento y de la fe pura.

Una vez que el ego se rinde a la Verdad Suprema alcanzas la victoria y la Iluminación Espiritual. En cuanto se rinde el ego, todas tus virtudes como la humildad, el amor, la generosidad, la compasión y la dulzura, se desarrollan de forma espontánea. Estas virtudes son requisitos previos para la auto-transformación. Cuando florecen, el ser humano alcanza la santidad. Sus cualidades son una invitación silenciosa para el Señor de la Vida.

El Discernimiento

Manas no es la herramienta adecuada para buscar la Verdad. El corazón tampoco es competente. *Buddhi* (el intelecto) es la facultad de discernir y está capacitado para guiarte. Cuando *Buddhi*, el aspecto más fino de *antahkarana* (instrumento interior), se agudiza, y se establece una coordinación entre *Buddhi* y los demás aspectos de la mente, entonces podemos tener una mente perfecta y bien ordenada. Una mente así, cuando está coordinada con el poder de la emociones, es capaz de penetrar en los niveles más profundos de nuestra entidad.

Como ser humano has heredado un inmenso tesoro de Conocimiento. Sólo puedes tener acceso a este tesoro si la mente se enfoca hacia dentro. Mas allá de *Manas* está el intelecto *(Buddhi)*. Su poder guía las funciones de la mente.

A diferencia de *Manas* que siempre está en estado de duda, *Buddhi* está dotado del poder de discernir, de valorar y de decidir. La mente totalmente guiada por esta elevada facultad de *Buddhi*, se convierte en un excelente instrumento para alcanzar la paz y la felicidad. Sin embargo hay que recordar que una mente disipada *(Manas)* no escucha nunca a *Buddhi*. El intelecto sólo puede guiar una mente enfocada. Por lo tanto, el paso más importante en la práctica espiritual consiste en enfocar la mente de modo que pueda ser guiada por la facultad que es capaz de tomar las decisiones y que se llama *Buddhi*, el intelecto.

El poder de discernir es la mayor de todas las fuerzas benevolentes que están en nosotros. Con la ayuda de la meditación y de la contemplación se puede desarrollar este poder y aprender a discernir lo correcto de lo incorrecto.

El poder de discernir sirve también para saber acerca de nuestros estados interiores. El reconocimiento de nuestros puntos fuertes y débiles no debería ni alimentar nuestro ego ni llevarnos a la auto condenación. El propósito de la observación interior es equilibrar nuestros puntos fuertes y débiles.

El ser humano en el que el poder de discernimiento es débil actúa sin darse cuenta de las consecuencias de sus acciones. Casi siempre está bajo el imperio de sus deseos, caprichos e instintos. No suele saber lo que es la verdad y aunque lo supiera no la practicaría ni en sus pensamientos, ni en sus palabras, ni en sus obras.

Sin una fe perfecta en la Realidad Suprema no puede llegar a liberarse de su propia ansiedad e inseguridad. Sin discernimiento ni fe, actúa en permanente estado de duda.

A menos que estos dos principios –discernimiento y fe– se desarrollen plenamente, un ser humano no puede ir más allá de las esferas de *Manas* y del ego. No puede distinguir de forma espontánea lo que es una acción correcta y no puede actuar con verdadero entusiasmo.

Aquel que escucha la voz de su alma y actúa bajo la guía de su discernimiento va más allá de la conciencia egocéntrica. Logra tener una visión más amplia y su poder de discernir le guía en el camino de la virtud.

Mediante una práctica ininterrumpida de meditación y de contemplación un día alcanza la Iluminación. Su vida entera está bajo el poder del discernimiento y de la fe, así penetra en el Reino del Amor Eterno.

La Consciencia

La palabra consciencia es de uso frecuente en la literatura sicológica y filosófica moderna. Se utiliza como *Atma jnana*, el Conocimiento directo que recibimos de Atman. *Jiva Atma* es el alma individual y *Param Atma* es la pura Consciencia.

Del Centro de Consciencia fluye la fuerza vital en varios grados y clases. Con el siguiente símil lo entenderás bien: Cuando una lámpara está recubierta de varias pantallas la luz es muy tenue. Si se quitan estas pantallas, una tras otra, se termina descubriendo la fuente de luz.

De forma similar el alma es el Centro de Consciencia, y el conocimiento que fluye a través de *Manas*, *Chitta*, *Buddhi* y *Ahamkara*, y luego a través de los sentidos, se llama Consciencia. Es la Luz del Conocimiento que fluye desde su fuente, la Fuente de Luz y de Vida, Atman.

Tengo una fe firme que aquí, en la vida terrenal, donde los pares de opuestos se enfrentan, se puede elevar el nivel general de Consciencia. El desarrollo de la inteligencia, del poder físico y de la ética moral son igualmente necesarios para que un ser humano crezca y se desarrolle.

Lo que obstruye las capacidades de un ser humano es su mente y la pared creada por hábitos individuales y convenciones superficiales. Por otra parte el ser humano está completo.

Lo que es especial en el ser humano es el desarrollo de la Consciencia, que poco a poco expande y profundiza la Realización de su Ser inmortal que en él es perfecto, eterno y no tiene límite.

La Oración

Muchos estudiantes que meditan piensan que la oración no es necesaria, porque no entienden lo que es la oración. ¿Por qué quieres rezar?.

De la mañana a la noche estás rezando. "Señor dame esto; Señor dame aquello". ¿Qué es lo que haces realmente?. Estás alimentando tu ego, lo cual es un hábito negativo. Esto se llama oración egocéntrica. Los seres humanos, presos de deseos y necesidades, se han convertido en víctimas de la oración egocéntrica, lo que les hace ser mendigos. Pero sigue siendo oración, y en este sentido es mejor que nada.

Reza en su propio lenguaje al Señor de la Vida, que reside en la cámara oculta de tu entidad. Te conoce mejor que nadie. Te guía, te protege y te ayuda.

Ruega al Señor de la Vida, en tu corazón, que te dé fuerza y sabiduría, de tal modo que puedas entender la vida desde todas las perspectivas.

Es esencial rezar dos veces diarias, por la mañana y por la noche. La oración es una petición de más energía para el éxito de nuestra sadhana. ¿A quien rezar?. Dios es la fuente de todas las energías, el Centro, la central de Luz, de Vida y de Amor. A través de la oración podemos tener acceso a esta Fuente y sacar energía para expandir el campo de nuestra mente y el horizonte de nuestra Consciencia.

Rezamos a alguien que no es ni cuerpo, ni aliento, ni mente, pero que reside más allá y detrás de esta condición mortal, a alguien que es nuestra núcleo y cuya expansión es el universo. La única Realidad que existe es Absoluta y existe dentro de nosotros.

Quieres alcanzar y tocar una fuerza superior que llamas Dios. Enfocas tu mente con un deseo que te motiva a rezar; absorto en tu deseo de rezar tu mente se aquieta. Cuando la mente está quieta la Gran Majestad se revela a la mente, y se cumple el propósito de la oración.

Hay muchos pasos en la oración, y el primero es decir unos pocos mantras y luego mentalmente recordar estos mantras; luego esperar para recibir la respuesta. Cada oración es respondida.

Cuando aprendes a meditar dejando el cuerpo equilibrado y quieto, la respiración serena y la mente libre de agitación, llegas a un estado de experiencia interior. Entras en contacto con algo superior y recibes un Conocimiento que no proviene de la mente, sino de más allá –de la profundidad interior–.

Debes aprender a meditar con el sentimiento de que el cuerpo es un santuario y que el que reside dentro, el Señor de la Vida, es Dios. La mente es un *sadhaka* y aprende a hacer entrega de sus armas, modos y maneras, a base de decir: "No tengo capacidad. Mis habilidades están limitadas. Ayúdame, Señor, dame poder para resolver todos los problemas con valor y sin que me aplasten ni se derrumben como un castillo de naipes.

Así la mente crea el hábito de depender del Señor de la Vida, en vez de contar con el "mero yo" que es el ego y no el "Verdadero Soy" que es Dios en el interior. Este proceso hacia dentro es meditación con oración. Toda otra oración es fútil, trivial, llena de deseos y teñida de egoísmo: rezar así sólo satisface al ego.

No reces nunca por algo egoísta. Reza al Señor para que tu mente reciba energía y para que el Señor te motive a hacer lo que es correcto para ti y para los demás. Lo que no se puede cumplir de ningún modo se puede cumplir con la oración. En el Evangelio están estas hermosas palabras: "Llamad y se os abrirá". ¡Lo que no se dice es cuantas veces hay que llamar!.

La oración y el reconocimiento de los propios errores son los mayores purificadores del camino de la vida y nos llevan a la plena Realización. La oración sin el reconocimiento de los propios errores no ayuda mucho.

Las oraciones siempre reciben respuesta; por lo tanto: reza con toda tu mente y todo tu corazón.

El Corazón Espiritual

Se dice que el ser humano tiene tres corazónes. Uno es físico y un cirujano lo puede cortar. El corazón psíquico es el que está gobernado por una mente ordenada. El corazón espiritual tiene control tanto sobre la mente como sobre el corazón y no está sujeto a dolor, pena ni sufrimiento.

En el cuerpo humano hay dos hemisferios: el superior y el inferior. Y hay siete esferas. Lo que conecta ambos hemisferios se llama *Anahata Chakra*. Esto es el corazón espiritual. Está ubicado en el espacio entre los dos pectorales.

Este Chakra se representa con dos triángulos enlazados. El que apunta hacia arriba representa el esfuerzo humano y la fuerza ascendente, y el que apunta hacia abajo es la Gracia de Dios o fuerza descendente. Juntos forman una estrella. La tradición judía lo llama la Estrella de David, la tradición cristiana lo llama la Cruz del Sagrado Corazón, y la tradición hindú lo llama *Anahata Chakra*. Cuando la mente se enfoca en el corazón espiritual alcanza un estado de profunda concentración.

La Meditación

La meditación es un proceso de purificar la mente y hacer que se enfoque, quieta y hacia dentro. A través del método de la meditación la mente te ayudará a sondear los niveles más profundos de tu entidad y te conducirá al estado más elevado de la Realización.

Como aspirante, es siempre sensato estar vigilante y firme en la práctica de la meditación. No esperes demasiado al principio. No hay métodos rápidos de meditación. Los estudiantes modernos tienen la expectativa de resultados inmediatos de la meditación y esta expectativa les hace fantasear, imaginar y alucinar acerca de cosas que creen que son experiencias espirituales. Estas experiencias, de hecho, son productos de su mente subconsciente. Como resultado de ello se desequilibran y se sienten frustrados con lo cual, o dejan de meditar, o empiezan a seguir extraños métodos que son dañinos para su progreso.

La meditación es una técnica que sólo tiene un camino, y es un camino científico muy claro y preciso. Si aprendes cómo practicar la meditación de forma sistemática no tardarás en alcanzar la cima, siempre y cuando sepas y apliques la técnica completa.

Lo primero es tener un fuerte anhelo. Cuando esto ocurre, es este mismo anhelo el que te lleva. Se necesita *sankalpa shakti*. "Ahora me siento a meditar y nada ni nadie tiene el poder de perturbarme. El pensamiento es un producto de la mente. No pertenezco a estos pensamientos".

Si aprendes a ir más allá de la palabrería de la mente y llegas a los aspectos más profundos de tu Consciencia, entonces cuerpo, aliento y mente no te estorbarán.

Te estorban porque no los has entrenado, porque no has decidido realmente meditar. Has de aprender a decidir y fijar un tiempo para la meditación de la mañana y para la de la noche.

Te han enseñando a ver y a examinar cosas en el mundo exterior. Nadie te ha enseñado a ver y a encontrar dentro de ti. No hay otro camino más que el de la meditación. Ningún objeto del mundo tiene el poder de darte lo que la meditación te puede dar.

No medites si no es algo que te atrae. Si quieres meditar tienes que crear el hábito de ello porque el hábito teje tu propio carácter y tu personalidad. Si de veras quieres saber quien eres, tienes que quitarte todas las máscaras, una tras otra. Has de quedarte desnudo. Has de estar en el fuego. Si estás preparado para hacer esto, puedes aprender a pisar el camino de la meditación.

En el mundo exterior no existe ningún objeto que pueda hacerte feliz, porque todos los objetos están sujetos a cambio, deterioro y muerte. Lo que está sujeto a cambio y no es eterno nunca puede proporcionarte felicidad. Tan sólo te puede dar una alegría momentánea.

Esta alegría momentánea es una evidencia suficiente de que existe algo llamado alegría. Pero buscas en el sitio que no es. Si recibes alegría eterna, si has alcanzado la alegría eterna, entonces estás libre. Es para llegar a esta libertad y esta alegría por lo que vivimos.

Cuando te sientes a meditar, te aviso que no te preocupes si ves luces. Tienes que aprender a meditar en la oscuridad para poder ver la dulce luz. No te preocupes si no ves ninguna luz, si no tienes ni visiones ni experiencias.

Si tienes paciencia y aprendes a sentarte en quietud el Centro de la Vida y de la Luz empezará a revelarse en ti. Hasta que esto ocurra es muy perjudicial ponerse a imaginar luces superficiales. Aprende a quedarte en la oscuridad esperando a que la Luz se revele.

No tener ninguna experiencia en la meditación es la experiencia correcta. Si sigues de forma sistemática el método de la meditación no te preocuparás si crees que no estás progresando.

Cuando sea que estés meditando, o haciendo esfuerzos para meditar, haces algo. Ni digas ni pienses que no estás cosechando los frutos de tus acciones, porque esto no es posible. Va en contra de la Ley y de la ciencia que hagas algo y no obtengas nada. Cada acción tiene su reacción.

Si, de forma sistemática, aprendes a meditar encontrarás que tu facultad de discernir, *Buddhi,* te ayudará en todas las circunstancias de tu vida, tanto dentro como fuera.

Tienes que dar atención a cuatro puntos importantes: reforzar tu determinación, aprender a rezar, aprender a meditar según las instrucciones y no dejar que tu mente se tiña de culpabilidad auto creada, que destruye los potenciales espirituales que están en ti.

Aprende a ser espiritual en tu vida diaria a base de actuar sin egoísmo. Aprende a meditar cada día unos minutos. No seas un hipócrita que se sienta largas horas a alucinar. Medita unos minutos y disfruta de la vida. Aprende a meditar y aprende a estar aquí y ahora. La terapia de la meditación es lo mejor y lo más elevado.

La meditación significa hacer esfuerzos, indagar en la vida interior, y te revelará todos los secretos a su debido tiempo.

La Quietud

La meditación es un viaje sin movimiento. En el mundo exterior tienes que moverte para ir a cualquier sitio; en la meditación no te mueves y sin embargo llegas. Lo primero que tienes que aprender es cómo dejar el cuerpo quieto. Dedica un mes a aquietar el cuerpo. Descubrirás que puedes perfectamente parar las sacudidas, los temblores y las contracciones nerviosas del cuerpo.

Cuando el cuerpo está quieto encontrarás alegría y confianza. Aprende a disfrutar de esta quietud. No importa cuanta alegría hayas experimentado hasta ahora, la mayor de todas las alegrías es la quietud.

Aprende a sentarte en un sitio tranquilo cada día, a la misma hora, con determinación. Aprende a no moverte y sin embargo a sentirte confortable. Pide a tu mente que aquiete tu cuerpo. No debería haber ninguna tensión ni rigidez.

Si sabes cómo sentarte quieto algún tiempo entonces puedes hacer que tu respiración sea serena. Sin una respiración serena y una mente tranquila no hay espiritualidad. ¿Por qué hacemos que el cuerpo esté quieto, la respiración serena y la mente tranquila?. Lo hacemos para que no nos estorben.

Haz un *mudra* con tus dedos haciendo que el pulgar y el índice se toquen, y deja las manos sobre las rodillas. Este *mudra,* o gesto, crea un circuito en el cuerpo que impide que la energía se disperse.

Mantén la cabeza, el cuello y el tronco rectos, suavemente cierra los ojos y mentalmente observa la quietud del cuerpo. Puede que éste empiece a inclinarse hacia delante. Tus sentimientos y frustraciones hacen que el cuerpo se mueva.

Los primeros días aprende a observar esta quietud y a disfrutar de ella. Hay mucha alegría en esta quietud.

Por lo tanto, el primer paso es estar quieto y te aseguro que lo vas a disfrutar.

El poder se halla tanto en la quietud como en el movimiento.

La Postura

Tendrás que escoger la postura que mejor te vaya. La postura que uses en la meditación ha de ser aquella en la cual te sientas más confortable y estable y la que te permita mantener la cabeza, el cuello y el tronco en línea recta.

Hay unas pocas posturas tradicionales para la meditación. *Sukhasana* (la postura fácil) es la más sencilla para sentarse en el suelo con las piernas cruzadas. Si tus piernas son flexibles, puede que encuentres *svastikasana* (la postura propicia) más confortable. No se aconseja utilizar *padmasana* (la postura del loto) porque no es posible aplicar *mula bandha* (el cierre de raíz) en esta postura.

La mejor de todas las posturas para la meditación se llama *siddhasana* (la postura hábil). Si practicas esta postura suave y gradualmente, descubrirás que tu cuerpo se convierte en estatua. Esta postura no es para principiantes.

Sea cual fuere la postura que escojas para tu meditación, aprende desde el principio a aplicar *mula bandha*. Tienes que contraer el esfínter anal hasta aplicar la postura.

El Respiración

Deberías practicar algún ejercicio sencillo de respiración al menos tres veces al día. La regulación del aliento ayuda mucho a ganar control sobre las modificaciones de la mente.

No se puede controlar ningún ejercicio de respiración sin respirar por el diafragma. Suavemente empuja tu abdomen hacia dentro lo más que puedas, con la boca cerrada y exhalando por la nariz, luego relaja el abdomen y sin forzar nada, inhala.

Cuando empujas tu abdomen sin forzar, se impulsa el mayor de todos nuestros músculos, el diafragma. A su vez el diafragma empuja los pulmones y los hace expeler el dióxido de carbono o aire ya usado. Al relajar suavemente el abdomen para inhalar, el diafragma también se relaja y los pulmones se expanden llenándose de aire nuevo.

Exhala e inhala así, al máximo de tu capacidad, por lo menos diez veces. Esto te ayudará a calmar tus estados de ánimo pasivos o negativos.

Practica durante cinco o diez minutos, tres veces al día, en la postura *shavasana* (la postura del cadáver). Mientras practicas la respiración diafragmática en *shavasana* contrae suavemente el ano de forma que ni los músculos rectales ni vaginales se queden sueltos. Este ejercicio es *asvini mudra*. Es muy útil porque ésta zona no suele ejercitarse. Esto impedirá que el fluir de *apana vayu* se perturbe.

Cuando haces ejercicios de respiración dales toda tu atención. La atención es la clave tanto para la respiración como para la meditación.

Cuando medites pon las manos en las rodillas y une el pulgar y el dedo índice. Vigila tu cuerpo de pies a cabeza y comprueba que cada parte esté completamente relajada.

Cierra suavemente los ojos y observa mentalmente. Haz que la mente se dé cuenta del cuerpo.

Por falta de práctica puede que las piernas se entumezcan. Esto desaparecerá poco a poco.

A base de practicar estos ejercicios de respiración del yoga habrá equilibrio entre la inhalación y la exhalación. Este equilibrio ayuda a aquietar mente y cuerpo.

La Conciencia de la Respiración

Cuando la postura es estable, el cuerpo está quieto y confortable y respiras de forma diafragmática, el siguiente paso es la conciencia de la respiración: la observación del fluir del aliento.

Deja que tu mente se enfoque en la respiración y deja que fluya con la respiración. Ésta no debería ser ni ruidosa, ni espasmódica, ni superficial y tampoco hay que hacer ninguna pausa entre la inhalación y la exhalación.

La respiración es un barómetro para medir nuestro estado interior. Cuando observes que tu respiración es serena, profunda y sin pausa, experimentarás bienestar y alegría.

Cuanto más estable y enfocada esté la mente más experiencia habrá de paz y de felicidad. Hay varios modos para hacer que la mente permanezca estable y enfocada. Entre ellos la atención o concentración sobre la inhalación y la exhalación se considera como el mejor.

La concentración sobre el fluir del aliento es el mejor modo de ganar control sobre las modificaciones de la mente. Cuando todas las modificaciones cesan, y la mente está quieta y tranquila, uno descubre una inmensa alegría interior. Cuando la mente está libre de todas las distracciones y empieza a viajar hacia dentro el aspirante empieza a desvelar el misterio de los diversos niveles de la realidad. Por medio de una mente enfocada gana conocimiento de su mundo interior. Este conocimiento es superior al que se deriva de la percepción, deducción o testimonio.

Disfrutarás de una intensa alegría cuando coordines la mente con tu aliento. Poco a poco moverás tu mente de la consciencia de la respiración a la consciencia de su sonido. El sonido *so-hum* es el mejor para concentrarse. *So* es el sonido de la inhalación y *hum* lo es de la exhalación.

Con los ojos cerrados enfoca tu mente en el punto más bajo de tu columna vertebral, en el centro llamado *muladhara*. Inhala como si fueras inhalando desde la base de la columna vertebral y escucha el sonido *so*; luego exhala con el sonido *hum* como si exhalaras desde la coronilla hasta los dedos de los pies.

De este modo la proporción de la exhalación será el doble de la inhalación –inhala cuatro y exhala ocho–. Hazlo diez veces después de practicar la respiración diafragmática. Después de unos días encontrarás que tu respiración se ha vuelto muy pausada.

Cuando estés muy alegre observa cómo tu mente está quieta y tu respiración es serena. No puedes mantener la alegría, ni ser feliz, a menos que haya perfecta coordinación entre la respiración y la mente.

La vida es aliento y el aliento es vida.

El Mantra

A menudo te sientas, cierras los ojos y ya no sabes que hacer. Es el momento de recordar tu mantra. Puedes recordar tu mantra todo el tiempo pero esto no es muy sistemático, tardará mucho en ocurrir. Haces *japa*, pero sin mucho entusiasmo. Si haces lo mismo con total concentración te dará buenos resultados.

Cuando recuerdes tu mantra, recuérdalo con todo tu corazón. Has de saber de él, has de entenderle, de entender lo que es.

Recuérdalo lo más silenciosamente posible y te será de muchísima ayuda. Deja que tu mente sea llevada por tu mantra y que se convierta en parte de tu vida.

Recuerda tu mantra –lenta y suavemente– y síguele. Este sonido te llevará al estado sin sonido que está más allá del cuerpo, de la respiración y de la mente. Esto es meditar.

El Testigo

En mi infancia, mi Maestro solía decirme una y otra
vez que meditara. Yo quería, pero por falta de
práctica no podía. Me estaba siempre quejando, lo
mismo que tú, que la mente no paraba de ir de una
cosa a otra.

Él dijo: "Es el *dharma* de la mente correr aquí y allí.
¿Por qué te preocupas del *dharma* de alguien?

Dharma significa deber natural. Fluir es inherente a la
naturaleza de la mente. Los que piensan que la
mente ha de ser parada no entienden nada acerca
de ella. Tan sólo una parte de tu mente puede
ponerse bajo control, la parte consciente. La mente
consciente es esta parte de la mente que funciona
en nuestra vida diaria durante el estado de vigilia.

En las etapas iniciales de la meditación un estudiante
aprende a calmar la mente consciente. Cuando esta
parte consciente está relajada, una retahíla de
pensamientos surgen, estorbando la quietud
interior.

En este preciso momento es cuando el estudiante ha
de permanecer firme y no identificarse con estas
impresiones pasadas. En este momento ha de dar
toda su atención al objeto de su concentración; esto
le ayudará a no involucrarse con los recuerdos del
pasado. Poco a poco pasa esta etapa y empieza a

tener experiencia de la Verdad pura y sin mezcla. Esta misma experiencia es pura de por sí.

La mente consciente recibe impresiones del mundo a través de los sentidos y también de la parte inconsciente de la mente. Si paras la entrada de sensaciones externas, las retahílas de pensamientos, que están almacenadas en el inconsciente, empiezan a asomar. Hay tan sólo una manera de tratar con estos pensamientos, y es dejarlos. Has decidido que, pase lo que pase, no vas a involucrarte con ningún pensamiento.

Descubrirás que los pensamientos que te interesan se quedan mucho tiempo y que los que no te interesan desaparecen rápidamente. A base de observar tus pensamientos puedes saber en qué pones tu interés, hacia donde fluyen tus pensamientos y cuales son los surcos por donde tus pensamientos fluyen. Puedes inspeccionar tu proceso de pensamiento. Poco a poco te convertirás en un inspector en vez de verte involucrado como una víctima.

¿Por qué encuentras dificultad en la meditación?. Quieres controlar tu mente pero ésta no coopera. Siempre va en contra de ti y siempre te engaña. Cuando hablas de *sadhana* estás hablando de cómo relacionarte con tu mente y sus dos asistentes: el habla y la acción.

Lo que necesitas aprender no es a controlar la mente, sino a observarla. Tienes que reforzar esta facultad particular que tiene la capacidad de observarlo todo.

Primero has de aprender a ser testigo de las cosas, incluso en el mundo exterior. Has formado el hábito de involucrarte con todo. Si alguien alaba tu aspecto, sonríes y te sientes feliz. Si alguien te critica, te entristeces. Te involucras en cualquier sugerencia, esté acertada o equivocada. Tu vida está llevada por las opiniones de los demás. Esto significa que no puedes formar tu propia opinión o no conoces la técnica para formar tu propia opinión y para expresarla.

Cuando meditas has de decidir que, pase lo que pase, ningún pensamiento que venga te podrá perturbar. Cuando la mente presenta material del inconsciente, o del mundo exterior, no te involucres, tan sólo observa.

Lo que te perturba no es ni un amigo ni un enemigo, es el pensamiento de tu amistad o enemistad lo que te perturba. Aprende a observar, aprende a ser testigo de tu proceso mental.

Deberías aprender a estar quieto unos minutos diarios, luego observa tu respiración, tu mente. Observa el hilo de tus pensamientos; vienen de lo desconocido y van hacia lo desconocido. Tan sólo observa. Decide que ocurra lo que ocurra, ningún pensamiento tendrá la capacidad de distraerte.

Observar significa que eres diferente de lo observado. Eres el observador, no te involucres. Cuando te involucras eres un ser humano corriente; cuando no lo haces eres el Observador. Si aprendes a no estar afectado por tu mente durante la meditación no te afectarán nunca tus pensamientos, y así nadie ni nada del mundo exterior puede influirte.

La debilidad significa tener una mente débil; la fuerza significa tener una mente fuerte. Una mente fuerte no significa que no has de escuchar a los demás.

Esto se llama obstinación y no fuerza. La fuerza mental significa que tu mente no está sacudida ni invadida por nada adverso.

En el Mundaka Upanishad hay una parábola:

> "Dos pájaros idénticos que son compañeros eternos están posados en la misma rama. Uno come muchas frutas de varios gustos. El otro tan sólo es testigo, contempla sin comer."

Los dos pájaros son el ser individual y el puro Atman. El ser individual se identifica con los objetos del mundo y goza de los frutos de las acciones y de la experiencia de los pares de opuestos, como el placer y el dolor. El puro Atman tan sólo atestigua y permanece absolutamente inafectado por el sabor del disfrute o del sufrimiento.

El Conocimiento

Hay dos modos de ganar en conocimiento: a través de la experiencia directa, y desde las fuentes exteriores. El conocimiento adquirido por la experiencia directa es completo, evidente de por sí y satisfactorio. El conocimiento adquirido desde fuentes exteriores es incompleto, fragmentado, requiere evidencia para su validez y no satisface. Lo único que se puede considerar válido es el conocimiento directo. La experiencia directa es el medio más elevado de adquirir conocimiento. Todos los demás medios son tan sólo parciales.

En el camino hacia la Plena Realización del Ser, la pureza, la atención y el control de la mente son esenciales. Una mente llena de impurezas alucina y crea dificultades, pero una mente ordenada y clara es un instrumento para la experiencia directa.

Solemos acumular conocimiento del mundo exterior por medio de información. El mundo alrededor nuestro es un profesor que está siempre presente. Nuestra madre es nuestra primera profesora, después nuestro padre y hermanos. Más tarde aprendemos de nuestros compañeros de juego, de los maestros de escuela y de lo escrito en los libros. Sea lo que sea que hayamos aprendido nada de ello ha sido de forma autónoma. Sin embargo nos creemos cultos. Los grandes Maestros Realizados nos tienen lástima porque no hemos aprendido nada de forma independiente. Todas nuestras ideas son ideas de los demás.

Es asombroso caer en la cuenta de que nada de lo que hemos aprendido hasta hoy es nuestro. Por eso mismo no es satisfactorio. Incluso si dominamos una biblioteca entera, sigue sin satisfacernos. Sin embargo, a base de experimentar con el conocimiento que hemos adquirido del exterior, podemos dar un paso hacia la Iluminación.

Ganando conocimiento exterior desarrollamos las habilidades que son útiles para acumular medios y recursos. Una persona que tiene recursos tiene más capacidades para dirigir sus energías hacia dentro, para explorar las dimensiones más sutiles y gloriosas de la vida. El conocimiento ganado por medio de información sirve un propósito noble siempre y cuando nos inspire para tener experiencias directas.

No importa cuan impresionante pueda parecer, si el conocimiento obtenido del mundo exterior no nos ayuda a soltar los nudos de las trampas del mundo, no sirve de nada, es vano. En la mayoría de los casos, cuanta más información adquirimos más se carga nuestra vida. Con la adquisición de este tipo de conocimiento nos hacemos cultos, pero no iluminados. El conocimiento indirecto que conseguimos a través de años de estudios y de entrenamiento profesional y vocacional, es por supuesto muy informativo y también útil hasta cierto punto, pero no es satisfactorio.

Todos los grandes hombres de sabiduría en todos los tiempos, han trabajado y se han esforzado mucho para conocer la Verdad de forma directa. No se conformaron con la mera opinión de los demás. Ni les asustaban ni les hacían renunciar a su búsqueda los defensores de la ortodoxia y del dogma, que los perseguían, e incluso a veces los ejecutaban porque sus conclusiones eran diferentes.

La experiencia directa es la prueba concluyente de la validez del conocimiento. Cuando has conocido la Verdad directamente tienes la mejor clase de confirmación. La mayoría de las personas van a ver a sus amigos y les dan su punto de vista. Esto es buscar la confirmación de sus opiniones. Sea lo que sea que piensen, quieren que otros se lo confirmen, a base de estar de acuerdo, diciendo: "sí, lo que piensas es correcto". Pero la opinión de los demás no prueba la verdad.

Cuando conoces la Verdad directamente no necesitas preguntar a tus amigos, vecinos o profesores. No necesitas buscar confirmación en los libros.

La Verdad Espiritual no necesita de testigo exterior. Si dudas, significa que todavía no sabes. Pisa el camino de la experiencia directa hasta que alcances aquel estado en el cual todo está muy claro, hasta que todas tus dudas estén resueltas. Tan sólo la experiencia directa permite el acceso a la fuente del Conocimiento Verdadero.

Todos sabemos qué hacer y qué no hacer, pero es muy difícil aprender sólo a Ser. El Conocimiento Verdadero no se encuentra en saber, sino en Ser. Saber es mera información. La práctica conduce a la experiencia directa y al Conocimiento válido.

El mundo exterior puede calmar y estimular tu mente y tus sentidos, pero la Paz, la Sabiduría y el Conocimiento provienen del interior de cada uno.

Este conocimiento que adquirimos a través de los libros es válido en el plano mundano, pero el Conocimiento Verdadero se encuentra dentro del ser humano.

El mejor Conocimiento viene a través de revelaciones, no a través de la mente. Es una gran corriente de Conocimiento que inunda a la persona entera. Cuando logres aquietar tu mente entonces este conocimiento te llegará.

La Iluminación

A través del auto análisis llegas a saber que no eres tan sólo un ente físico, que no eres tan sólo un ente que respira, que no eres tan sólo un ente que siente y que tampoco eres tan sólo un ente que piensa. Tienes cuerpo, aliento, sentido y mente, pero eres algo más que todo esto.

Los seres humanos siguen construyendo santuarios, capillas, iglesias y templos. No tienes que hacer esto; tan sólo date cuenta de que eres un santuario vivo. El día en que tengas el Conocimiento de que el Señor vive dentro de ti estarás en *samadhi*. Todas las preguntas estarán contestadas, todos los problemas estarán resueltos.

Si progresas en el práctica de la meditación, tu mente se enfoca y se aquieta. Una mente tranquila empieza a funcionar en armonía con *Buddhi*. Ya no hay contradicción entre las funciones de *Manas* y de *Buddhi*. (La mente discursiva y el intelecto).

Las impurezas en *Manas* como la duda y los conflictos, desaparecen. *Buddhi* ya no está perturbado por las actividades de *Manas* y experimentas una extraordinaria paz interior.

El intelecto (*Buddhi*) está descrito en las Escrituras como un espejo que está en la proximidad inmediata de Atman. Mientras el espejo permanece limpio refleja la luz clara de Atman. Si se tiñe de los pensamientos y sentimientos de la mente discursiva refleja la luz de Atman de forma distorsionada. Según los Upanishads lo que hay que hacer es apartar todas estas impurezas y liberar a *Manas* de dudas y conflictos, para que *Buddhi* sea un cristal puro.

Un intelecto libre de las influencias de la mente inferior se encuentra en un estado bien equilibrado. Tan sólo entonces el aspirante puede tener auto-confianza e independencia. Con un intelecto así el meditador sabe que la meta de la vida no está lejos.

Un intelecto libre de las perturbaciones de la mente inferior alcanza la Iluminación. La oscuridad que pertenece a los reinos de *Manas* y de los sentidos se desvanece bajo la luz de un intelecto iluminado. Cuando no hay estructuras de pensamientos la mente inferior se fusiona con el intelecto.

Cuando el intelecto está absorbido por la Divina Luz esto es *samadhi*, el estado de la inmortalidad y ausencia de miedo. Mientras te refugies en los objetos del mundo, en el cuerpo, en la energía vital y en las fuerzas de la mente inferior, permaneces víctima de la senectud, la muerte y el renacimiento.

Cuando el intelecto está plenamente iluminado por la Divina Luz, ya no hay miedo. Al amanecer de la Iluminación Espiritual la mente y el intelecto encuentran su sitio en el reino de Atman, entonces se alcanza la liberación de los pares de opuestos, como el placer y el dolor. Este es el estado de la mayor liberación.

Cuando un ser humano aprende a expandir su Consciencia o se une con la Consciencia Universal deja de estar limitado por su propio Karma. Está totalmente libre.

Cumple con tus deberes en el mundo con amor, es lo único que puede contribuir de forma significativa a tu progreso en el camino hacia la Iluminación.

Quien reside en el Reino de Atman no pertenece a ninguna familia, sociedad o nación en particular. Es parte de la humanidad entera. Ama el bienestar de todos de la misma forma que ama a Atman en él mismo.

La Paz

Tal vez el mundo no haya tenido nunca experiencia de paz, la cual es tan sólo un estrecho hueco entre dos guerras. Mientras existan dos principios distintos en el universo no puede haber paz.

La paz es tan sólo una ambición, un deseo, un pensamiento de los que no entienden las diversas manifestaciones de los dos principios en la vida y en el universo. Al entender la Realidad, los grandes hombres de sabiduría alcanzan un estado de no apego, de entendimiento, y así las turbulencias de la vida no les afectan.

Para encontrar la paz no hay otro camino que ir al profundo silencio, donde Ella reside en toda su Majestad.

El Antiguo Viajero

El viajero más antiguo del universo es el Amor. Es el Amor el que viaja de lo desconocido a lo conocido, de eternidad en eternidad.

Los que quieren conocer el mayor deleite deberían reconocerse a Si Mismos en los demás. Tal es la definición del Amor.

El espíritu del Amor no conoce fronteras y libera nuestra entidad de las ataduras ilusorias y de las imposiciones exteriores. Es la Unidad lo que nos conducirá a la Verdad. Aquello que es el principio y el fin del mundo y sus fenómenos es Divino.

Amar a alguien no significa odiar a los demás. Acuérdate de esto. Si amas a alguien, esto significa amar a todos. Tu Amor ha de viajar hacia la expansión, no hacia la contracción.

Aprende a amar a los demás y demuestra tu amor a través de la acción desinteresada. Esto es muy importante. Intenta no herir a los demás cuando hablas. Las palabras hirientes son oscuras y no tienen la capacidad de contener Verdadero Amor. El Amor es inmortal y necesita una urna inmortal. La gente dice que el amor se expresa a través del corazón, y que por lo tanto el corazón es el centro del Amor. Niego esto. La verdadera urna del Amor es el alma, porque sólo el alma es el viajero más antiguo lo mismo que el Amor. Son uno y lo mismo.

Hay dos clases de amor: uno se puede expresar y el otro no puede expresarse ni explicarse. Si algo se puede explicar no es Amor profundo, real y verdadero. Aunque todos intentamos expresarlo de mil maneras, es en vano.

Hay tan sólo una Realidad, Una y sin segunda, sin espacio, sin tiempo y sin causalidad. Se llama Amor.

Hablamos de amor. Siempre estamos anhelándole. Siempre queremos ser amados. Si quieres realmente saber lo que es Amar escucha esta frase: Como la vida es vivir, el Amor es dar.

El amor suele estar mezclado con egoísmo. Necesito algo, entonces digo: "te amo". Eso en el mundo se llama amor. Pero es Amor real, profundo y verdadero cuando actúas de forma espontánea, sin egoísmo, y no esperas nada a cambio.

La Reverencia es el primer peldaño en la escalera del Amor.

El Amor no es la mera contemplación de la Verdad, sino sufrir por ella. Sufrir no es un castigo, sino una recompensa, un regalo del Amor. La recompensa la recibes cuando ya no estás aquí.

Que encendamos el fuego del Amor que arde fuera del ego, y nos da la capacidad de pasar desde una temerosa fragmentación a una totalidad sin miedo, en el Todo que no cambia.

Que Dios te bendiga. Que Dios te ame. Te amo. Que aprendas a amarte a Ti Mismo.

Gurudeva

Llega un momento en el que aquel que busca pasa por un período de argumentación consigo mismo y no puede decidir. En este momento lo que necesita es un verdadero preceptor, pero ¿Cómo encontrar el maestro adecuado?. Nadie puede buscar un maestro. Hay una ley expresada en las Escrituras: "Cuando el discípulo está preparado aparece el maestro". Esto sólo ocurre a causa de los *samskaras*. Los *samskaras* del profesor y del estudiante son muy antiguos y fuertes.

Él o ella estarán allí, pero no lo vas a notar o a responder si no estás preparado. Un diamante puede estar delante de ti, pero si no sabes lo que es un diamante pasas a su lado creyendo que es un trozo de cristal. Además, si no sabes la diferencia puedes adquirir un trozo de cristal creyendo que es un diamante y atesorarlo toda la vida.

Un profesor espiritual genuino, uno que está designado para enseñar según la tradición, busca buenos estudiantes. Observa ciertos signos o síntomas; quiere saber quien está preparado. Ningún estudiante puede engañar a su maestro. El maestro percibe fácilmente lo preparado que está el estudiante. Si encuentra que todavía no está dispuesto lo preparará poco a poco para las enseñanzas superiores. Cuando la mecha y el aceite están listos el maestro enciende la lámpara. Este es su papel. La Luz que resulta de esto es Divina.

Necesitas a alguien que pueda guiarte y ayudarte. Necesitas un maestro exterior para llegar al maestro interior. A veces puedes volverte ególatra y decidir que no necesitas un maestro. Esto es opinión del ego.

Nunca encontrarás un mal maestro si eres un buen estudiante. El revés también es verdad: si eres un mal estudiante no encontrarás un buen maestro. ¿Por qué razón un buen maestro habría de asumir la responsabilidad de un mal estudiante?. Nadie recoge basura. Si buscas un maestro, primero mira dentro de ti. Convertirse en un yogui significa conocer tu propia condición, aquí y ahora, Trabajar contigo mismo. No te quejes porque no tienes un profesor. Pregúntate si lo mereces. ¿Eres capaz de atraer a un profesor? ¿Estás preparado para dejarte guiar?.

Hay una enorme diferencia entre un profesor corriente y un gurú o maestro espiritual. Aquello que dispersa la oscuridad de la ignorancia se llama gurú. En occidente se suele hacer un uso equivocado de la palabra gurú. En la India, esta palabra se utiliza con reverencia y siempre va asociada con la santidad y la sabiduría superior. Es una palabra muy sagrada. Rara vez se usa tal cual, sino con su sufijo *deva*. *Deva* significa "ente brillante". Un Maestro o Gurú Iluminado se llama Gurudeva.

Cuando un estudiante va a ver a un gurú, le lleva un manojo de palos secos. Con reverencia y amor se inclina y dice: "Aquí ofrezco esto". Lo cual indica que está haciendo entrega de sí mismo, con toda su mente, su acción y sus palabras, con el único anhelo de alcanzar la Sabiduría superior.

El gurú quema estos palos y dice: "Ahora te voy a guiar y a proteger en el futuro". Luego inicia al estudiante en varios niveles y le da las disciplinas a practicar. El gurú imparte una palabra y dice: "Esto será tu amigo eterno. Recuerda esta palabra. Te ayudará". Luego explica cómo utilizar el mantra. Esto se llama la iniciación con mantra.

Puedes intentar con todas tus fuerzas hacer algo para él, pero no puedes, porque él no necesita nada. Te preguntas. ¿Por qué hace todo esto para mí? ¿Qué quiere de mi?.

El no quiere nada porque lo que hace es su deber, el propósito de su vida. Si te guía no te está obligando a corresponder, está haciendo su trabajo. No puede vivir sin cumplir con su deber. Los gurús que son genuinos no pueden vivir sin desinterés, porque el Amor desinteresado es la base misma de su Iluminación. Irradian vida y luz desde las esquinas desconocidas del mundo. El mundo no los conoce y ellos no quieren reconocimiento.

Personas así se llaman gurús. Guían a la humanidad. Así como el sol brilla y vive lejos, el gurú da Amor espiritual y permanece desapegado.

El gurú no es una entidad física. Los que piensan en el gurú en términos de un cuerpo o de un ser humano no entienden el significado de la palabra. Si un gurú llega a pensar que su poder es suyo entonces ya no es un gurú. El gurú es tradición, es una corriente de conocimiento. Esta corriente fluye por muchos canales. Cristo lo decía también cuando curaba a la gente: "Esto es a causa de mi Padre, soy tan sólo un transmisor".

Un gurú ha de recibir tu amor y tu respeto. Si mi gurú y el Señor vinieran juntos, primero iría hacia mi gurú y le diría "Muchas gracias, me has presentado al Señor". No iría al Señor para decirle: "Muchas gracias Señor, me has dado mi gurú".

Los modos de enseñar del maestro son muchos y misteriosos. Enseña a través del habla y de la acción, pero en algunas ocasiones puede que enseñe sin ninguna comunicación verbal. Las enseñanzas más importantes tienen su fuente en la intuición y están más allá del poder de la comunicación verbal.

Es una gran alegría, tal vez el día más grande, cuando un aspirante encuentra a su Maestro, que es totalmente desinteresado y lleno de Amor, como un océano de Bienaventuranza rebosando Amor todo el tiempo.

Busca tu gurú dentro de ti y cualquiera que te lleve hacia tu gurú interior es tu gurú.

"Pies de Loto". Significa pies que están en el suelo pero que nunca lo tocan. Uno que vive en el mundo y no pertenece a él, uno que rebosa Amor. Para un alma así, tan grande, los poetas y escritores dicen "Pies de Loto".

Un gran hombre así tiene el poder de enseñar el Camino de la libertad a otros. Esté en el mundo o fuera de él puede también curar una enfermedad, que es una deuda kármica. Puede permanecer inafectado y por encima, sin estar involucrado ni recoger los frutos que surgen de las deudas kármicas de los demás. Un verdadero Maestro tiene control sobre sí mismo y se mueve libremente en el mundo.

Cuando un alfarero ha terminado de hacer sus tarros, la rueda de alfarero sigue girando por algún tiempo, pero ya no tiene capacidad de hacer tarros. La rueda de la vida sigue moviendo un alma liberada, pero su karma ya no le crea ninguna atadura. Son acciones sin actuación. Es muy fácil para un Maestro guiar a un estudiante cuando es apto para pisar el Camino de la Iluminación y así, un día, también él día alcanzará la Libertad Final.

Shaktipata

Los seres humanos se creen que tan sólo por la Gracia Divina les llegará la Iluminación. Pero no es así. Mi Maestro me dijo: "Un ser humano debería hacer todos los esfuerzos sinceros posibles. Cuando está agotado y grita de desesperación en el estado más elevado de emoción devocional, llega el éxtasis. Esta es la Gracia Divina. La Gracia es el fruto que recibes de tus esfuerzos honrados y sinceros.

Shaktipata sólo es posible para un discípulo que ha pasado por un largo período de disciplina, de austeridad y de prácticas espirituales. *Shaktipata* a escala colectiva me parece muy sospechoso. Es verdad que cuando el discípulo está preparado el maestro aparece y da la iniciación adecuada. Cuando un estudiante ha hecho su sadhana con sinceridad, fidelidad y veracidad, entonces el Maestro retira el último obstáculo, el más sutil. Los que no creen en la disciplina no deberían esperar la Iluminación. Ningún Maestro se la puede ni se la debe dar tan sólo porque la quiere.

La experiencia de la Iluminación surge del esfuerzo tanto del Maestro como del discípulo. Dicho de otro modo: cuando has cumplido con tu deber con habilidad y entusiasmo, recoges los frutos con Gracia. La Gracia surge cuando la acción termina. *Shaktipata* es la Gracia de Dios a través del Maestro.

El Silencio

Érase un swami que era considerado como un gran santo. Sus discípulos llegaron a él y le dijeron: "Señor, dinos algo acerca de la Realidad Suprema, ¡o Dios!". Y él no dijo nada. Sonrió, pero no dijo nada. No les contestó y se sintieron frustrados.

Dijeron: "Señor, te hemos estado pidiendo constantemente que nos digas algo acerca de Dios, y tan sólo sonríes sin decirnos nada".

¿Sabéis lo que el Maestro les respondió?. Les dijo: Os he contestado pero no me estáis escuchando.

Cuando le dijeron que no había pronunciado palabra, él les contesto: "Lo mejor de la Enseñanza se da en silencio, así que os lo estoy diciendo en silencio".

Los discípulos contestaron: "Pero no tenemos oídos para oír". ¿Qué nos has dicho, Señor?

Él dijo: "Dios es silencio".

El Verdadero Conocimiento, que es Conocimiento práctico, la comunicación profunda no hablada y la enseñanza en silencio, pavimentan el camino más allá del fango del engaño.

El mejor de todos los Conocimientos, el mayor de todos los poderes, provienen del silencio.

Reflexiones Desde el Silencio

Me doy cuenta de que la Fuerza Vital está en mí
      Para hacer lo que Dios quiere
      No lo que yo quiero.
Nadie me puede quitar esta certeza.

Muchas veces he tenido la certeza de que en todas las
decisiones importantes
      Ya no estaba solo,
      Estaba más allá del tiempo.
      Sentí que era un antiguo viajero
      Y pertenecía a los siglos.

La terrible soledad del sol ardiente
      Y la dificultad del duro invierno
      Eran mis compañeros.

De repente me quedo sin sentidos
Y entro en el silencio.

Soy uno con lo Supremo,
Con Aquel que no muere,
Con Aquel que es perfecto.

A veces siento con toda mi profundidad
      Como si un aliento del mundo infinito

De estrellas y espacio sin fin
Me hubiera tocado.

Cuando me baña la luz del sol
        Con el viento y la nubes
                Moviéndose por encima,
        Mi experiencia se vuelve inexplicable.

Siento como si la luz del sol me reconociera
        Y con gran deleite
        Disfruto de sentarme a la sombra de la luna.

Cuando el sol se pone, permanezco despierto.

Es un pensamiento profundo
        Como si un aliento del mundo infinito
        De estrellas y de espacio sin fin
        Me hubiera tocado.

Ayer tarde vi gente bañada en la luz del sol
        Con vientos y nubes que les perseguían.

❁

LA VIOLENCIA

Cuando por un momento dejo a un lado todo racionalismo y me transporto hasta el aire puro de la montaña y me siento en una roca solitaria, entro de forma espontánea en silencio.

La soledad me mantiene vivo en una sociedad que no conoce las leyes del amor y de la armonía.

Violencia, violencia, violencia en todas partes.

No entiendo la ley que instiga a los seres humanos a dañarse unos a otros. ¿Cómo pueden olvidar que todas las criaturas respiran el mismo aire?.

¿Por qué son tan ingratos y olvidan que todos los seres vivos son hijos de un solo Padre que les da a todos por igual el aliento de vida?

¿De donde surge la violencia?. ¿Qué es este poder que les instiga a aniquilar la existencia unos a otros?.

Vuelvo al silencio sin ninguna respuesta y con una simple conclusión: que los seres humanos todavía no han encontrado el arte de vivir en armonía.

El daño que instiga a cometer estos crímenes es *himsa*, la falta de amor, de respeto, de dulzura y de Consciencia de que todos pertenecemos al Uno.

Matando a otros seres humanos estamos cortando las raíces del mismo árbol del que somos las ramas.

UN PENSAMIENTO

Mi religión no conoce ni la esperanza ni el miedo. Reside en la quietud del universo espiritual que nada puede abarcar excepto el corazón humano. Cuando una gota de rocío en la hierba puede reflejar toda la bóveda celeste ¿por qué no lo pueden hacer la mente y el corazón humano?.

❀

LAS HORAS QUIETAS DE LA NOCHE

Con un gesto soberano viertes en mi boca el contenido de tu jarra, me induces a tentación y luego desapareces de repente.

De esta experiencia puede surgir un contenido inconsciente pero sigo teniendo sed.

Actúas como un símbolo vivo de monstruosidad.

Subí a las más altas montañas y busqué al fondo de los mares.

He tenido experiencia de esta polaridad que está hecha de dos ideas diferenciadas que han crecido juntas, y de la misma fuente brota la pregunta ¿Por qué permaneces en silencio?.

Sufro, porque soy la víctima. Tengo la esperanza de que un día el Señor compasivo venga en mi ayuda.

Cuando empiezo a pensar de modo torpe y decido que todo proviene de mis intenciones y de mí, entonces mi corazón infantil e ingenuo asume que todo lo sabe y que sabe lo que es.

Sin embargo todo el tiempo me siento impedido por la debilidad de mi mente consciente y por los miedos del inconsciente.

Sigo teniendo sed.

Esta sed me lleva a una clase de desasosiego en el cual estoy siempre contento pero todavía insatisfecho.

❁

Tuve un sueño en mi niñez que me inició en los secretos de la naturaleza y siempre me encantó ser parte de ella.

¿Quién dice que un ser humano es un evento que no se puede juzgar a sí mismo, sino que para mejor o para peor está dejado al juicio de los demás?.

He visto a gente ser humillada a los ojos del mundo, pero elevada en el mundo de la fantasía.

Has de tener la capacidad de transportarte al reino mítico. Si no, la consecuencia es una alienación completa del mundo.

✿

UNA REALIDAD DISTANTE

Una vez estaba hablando con un amigo. Me embargó un extraño sentimiento de fatalidad. Para mi sorpresa mi amigo residía en un lejano país de inocencia distante de la realidad, mientras yo estaba metido en la Realidad.

La comunicación se rompió y me encontré en un inmenso y silencioso vacío de espacio.

Se extendía por desiertos aislados de donde surgía y se expandía una torpe y torturada masa de polvo.

❈

DESPERTAR

Cuando pedí claridad de mente
Mi mente estaba nublada y no podía darla.
No podía destruir con impaciencia
Los fuegos artificiales de mis pasiones, mente inferior.
Intenté agarrar todas las trabas mundanas.
El destino fue generoso al ofrecerme
Todos los dones posibles de la vida.

Un día desperté del sueño
    Con el primer rayo de sol
    Con un sentimiento
    De haber perdido mi futuro.

Intenté levantar el velo del futuro
Y descubrí que está más oculto en el sueño.

Es el reino de la fe que crea la perfección.

He visto los archivos de los mayores
Soñadores del milenio,
Pero no he visto en sus enseñanzas el
Amor manifestarse
En toda su belleza
Aunque eran diseñadores de paraíso.

Nuestra vida física tiene su hilo de unidad
En el recuerdo del pasado,
En cambio esta vida ideal reside en la imaginación
Del futuro anticipado.

De los archivos enterrados en el polvo
Salí y encontré en mi algo que
Fluye sin interrupción a través de las edades.

Para darle expresión reuní los hechos y
Descubrí que no soy imperfecto
     Sino incompleto.

Se que dentro de mi hay cierto significado
     Todavía por realizar.
     No me extraña.
     Tan sólo estoy perplejo.

Soy un gran soñador
     Que quiere revelar todas sus personalidades
     En servicio de la humanidad.

Estas expresiones pueden no ser santas
     Pero indirectamente pertenecen a la imagen
     Que en silencio queda sellada
     En la cámara oculta de mi corazón.

Tan sólo hoy he llegado a una conclusión.
En esto encuentro mi propia valía suprema
     Que llamo Divina.

❀

Nuestro sueño en la noche oscura
Termina así de repente.

La Verdad se pone a brillar
Y el ser humano dice
"Soy Ella".

Así, las flores perfumadas se abren
Al aire
Y miles de ríos fluyen suavemente
Hacia el océano.

ALUCINACIÓN DE UN ERMITAÑO

Me acuerdo con precisión.
Una vez en la quietud de la noche
Oí una voz que decía: "Estoy contigo".
Escuché, fascinado.

No era infrecuente
Entrar en armonía con la naturaleza.
Empecé a oír una música suave,
Contenía también todas las discordancias
de la naturaleza.
La naturaleza no siempre es armoniosa:
Es también terriblemente contradictoria y caótica.

La música era así también.
Un fluir de sonido que tenía la cualidad
De la lluvia torrencial y del aullar del viento,
Tan imposible que no se puede describir.

Era invierno tardío o primavera tardía.
Suavemente abrí los ojos y abrí las persianas.
No se veía a nadie.

Nada que oír,
Nada de viento,
Nada,
Nada en absoluto.

Es extraño, pensé,
Estaba seguro;
Pero por lo visto tenía una ensoñación.

Me dormí y enseguida volvió el mismo sueño.

Entonces me desperté,
      La misma noche tranquila
      Con un quieto claro de Luna.

Para mi este sueño representaba una
Situación equivalente a la realidad,
En la cual creaba un cierto estado desconocido.

Aquella noche todo era tan real,
Apenas podía discernir
Entre las dos realidades.

❄

UN SUEÑO

Hoy es un día desagradable
    Una angustia misteriosa de vida cansada
    Permanece y pesa en mi corazón todo
    el tiempo.

Al fondo de las montañas,
Lejos de la civilización humana,
    Una sóla luz brilla
    Cuando avanza la noche,
    Sueño con ella.

Sueño con un sentimiento precioso.
Esta luz que brilla en el sol, la luna y las estrellas
    Cuando avanza la noche,
    Sueño con ella.

En lo hondo del corazón,
    Un sentimiento de soledad
    Una angustia misteriosa
    De un día desagradable
    De una vida cansada.

Pienso en un misterio que no se aclara.

Quisiera hurtar este Amor que brilla en el cielo.

MI GURUDEVA

Tu recuerdo tiene una morada permanente
    En la cámara oculta de mi ser,
    Y tus palabras
    Son con el fluir de la pura fuente
    Del agua viva
    En las zonas sedientas de mi vida.

Desde los horizontes lejanos del mundo más allá
    A menudo viene la voz serena
    A recordarme
    Que el Espíritu interior es la Única Realidad
    Y que cumplir con el Espíritu
    Es el secreto de la vida.

Medita, medita, medita.

UNA BENDICIÓN

Cuando le vi por primera vez
Sentí que un profeta del Antiguo Testamento
Se había revestido de repente de un cuerpo vivo.
El blanco plateado de su pelo largo y de su barba
Se fundía con la pureza blanca de su túnica,
Y en la oscuridad
En su dulce cara iluminada,
Sus ojos ardían
Con Consciencia de poder.

Habló con una voz fuerte y delicada
    Una palabra fluyendo de otra
        Como un vuelo de pájaros
            En el cielo al anochecer

Me bendijo.

Al día siguiente a la hora del crepúsculo
Volví a visitar una gruta que había sido
Mi morada de paz.
Me senté en un rincón a meditar,
Hasta que la luna llena se elevó
Y cubrió de plata la tierra oscura.

Daba su quieta luz, asomándose en la gruta
Y tocó con renovada belleza la hermosa cabeza
Del mayor sabio de los Himalayas
Grabándola con viveza contra el fondo de la noche.

Él venía de un glorioso pueblo del Bengal
Cuyo lenguaje prefería no hablar.
Durante diez décadas respiró el aire
De los Himalayas besado por las nubes
Y lavaba su cuerpo en el sagrado río Ganjes.

Su toque reavivó las almas
          de innumerables estudiantes.
Los Vedas, los Upanishads y los Brahmines
Estaban de pie a su lado.

Conocía mejor a mi Maestro
Cuando no pronunciaba una sola palabra,
Envuelto en el silencio.
Podía oír la voz de sus pensamientos,
Cantándose a sí mismo sus propias canciones.

❊

Flores cogidas en los valles de los Himalayas y riqueza
sacada de la mente entrenada en la tradición del
yoga, una exploración difícil de conocimiento.

No creo totalmente en la tradición.
En el proceso de crecimiento recibí experiencias.
Muchas veces encontré que eran mezcladas y otras
muchas que eran genuinas.

Todas mis experiencias no me guían,
    Pero algunas de las que tuve
    No con ayuda de nada importado
    Sino por revelación
    Todavía son mi guía.

Encontré el medio de desaprender
    Todo cuanto había aprendido en la niñez,
    Y también encontré el conocimiento
    De cómo recordar cuando quería
    Lo mejor de lo que había guardado.

Para los que no son yoguis puede ser
    Considerado una tierra de sabiduría,
    Encontré que no era un impedimento
    Y que me ayudaba a enseñar a los estudiantes.

Los que viven en un universo de historia
    En un ambiente de continuo recuerdo,
    No tienen la sabiduría de vivir en el presente.
¡Y cuan infelices son!.

Los yoguis tienen su residencia especial
En el reino de la Realización interior.
Esto es un mundo de Realidad –el suelo subterráneo
De la Consciencia profunda–.

Allí brotan todos los pensamientos creativos.
La libertad luminosa es la Realidad.
La corriente subterránea de este perenne fluir
Vibra en toda la entidad.

Me negué a persuadirme a aceptar
Los dichos de las religiones hechas
por los hombres.
Me mantuve libre de la influencia y del
Poder de cualquier credo que tuviera
Su sanción en la autoridad rígida de
Alguna de las Escrituras.
Siempre dudé de las enseñanzas de organizaciones
de adoradores.

También quiero que se me cuestione,
Y todos tienen derecho a desconfiar de lo que digo,
Pero no te quedes dándole vueltas
Y a veces no olvides preguntarte a ti mismo,
Y aprende a dudar de tu instrumento de dudas.

Cuando miro hacia atrás
Y oigo la voz sonando en mi oído interno
Y diciendo que estoy en el camino correcto,
¿He de seguir el camino ciego de la
obediencia a reglas rígidas o seguir
la voz que me guía?.

Los Upanishad son para mi una gran fuente
    De inspiración y de reposo.
Y esto mismo es lo que dicen.

Mi conocimiento no es a través de la mente.
Es a través de la visión interior
    Que recibo en profunda meditación
    Y contemplación.

❀

En la profunda soledad y silencio
  De la noche oscura, cuando
  El mundo entero duerme,
  Permanezco despierto.

Vierte ahora sobre mi frente el largo sueño
  Que no conoce sueños.

¡Oh! aliento cariñoso de la tierra profunda
  bésame otra vez,
    que la tarde se quede callada.

La noche deja caer sobre mí sus flores
  Y entro en este profundo silencio
  Que inspira mi corazón.

El Autor

El profundo amor de Swami Rama por su tradición espiritual se refleja en su vida y en su obra. Es un pensador libre, guiado por la experiencia directa y la sabiduría interior. Su enfoque universal y no sectario de la vida y la Enseñanza que imparte, hacen de él una fuerza unificadora de oriente y occidente. Su contribución escrita incluye comentarios profundos de obras espirituales como el Bhagavad Gita y los Upanishads, y son guías prácticas para aplicar la antigua sabiduría de Oriente a los campos de la sicología y la salud. Asimismo ha escrito una interpretación poética del Ramayana en dos volúmenes. También relata sus experiencias con los grandes Maestros que guiaron su vida y su desarrollo espiritual. Finalmente nos ha dejado una colección muy personal de poesía en prosa acerca de sus propias experiencias espirituales.

Es el fundador del Himalayan International Institute of Yoga Science and Philosophy y del Himalayan Institute Hospital Trust y Medical College, situado en Jolly Grant, Dehradun.

Describirle como un yogui, un científico, un filósofo, un humanista y un poeta místico, no proporciona sino un mero atisbo de la totalidad del ser humano notable conocido como Swami Rama. Tras alcanzar la mayor Iluminación espiritual intentó, con una energía que parecía no tener fin, alcanzar la perfección en sus acciones en el mundo exterior. Su vida demuestra la capacidad humana de vivir en el mundo y sin embargo permanecer por encima de él.

Himalayan Institute
Hospital Trust

El Himalayan Institute Hospital Trust fue fundado en 1989 por Swami Rama. Sigue creciendo gracias a la extraordinaria generosidad de los que le apoyan y a la actitud entusiasta del gobierno hindú.

Incluye uno de los hospitales más modernos y mejor equipados de Asia, una Universidad de Medicina con niveles muy elevados y Clínicas Móviles o Centros Satélites para servir a los muchos pueblecitos de la región.

Su enfoque en Medicina preventiva, creativa y curativa es especial, así como el hecho de crear un nuevo modelo de educación médica y de asistencia sanitaria que incorpora la base espiritual de la vida con relación a la salud y la tecnología moderna.

Los proyectos de expansión o de desarrollo son: aumentar el número de camas para pacientes internos, de 500 a 2.500, un centro de cirugía para cardiopatías y neuropatías, un centro de traumatología con servicio de aviones-ambulancia, un centro de oncología; centros de investigación de medicina ayurvédica, homeopática y de yoga; colegios de farmacia y de enfermería.

Lo más importante es que muchos de los 15 millones de personas de la región que se han enfrentado al sufrimiento con poca o ninguna asistencia médica, pueden ahora contar con el acceso a servicios modernos para ellos y sus familias cuando ello sea preciso.

Para el contacto de información:
Himalayan Institute Hospital Trust
Swami Rama Nagar, P.O. Doiwala
Distt. Dehradun 248140, Uttaranchal, India
phone: 0135-412068, fax: 0135-412008
hihtsrc@sancharnet.in; www.hihtindia.org

Swami Rama Foundation
of the USA, Inc.

La Fundación Swami Rama de EEUU es una organización registrada, sin ánimo de lucro y exenta de impuestos, comprometida con la orientación del sabio hindú Swami Rama. La Fundación se estableció para proporcionar ayuda financiera y apoyo técnico a las instituciones e individuos preparados para poner en práctica esta orientación dentro y fuera de EEUU. La esencia de la posición de Swami Rama se basa en tender un puente entre la ciencia occidental y la sabiduría oriental mediante la integración de mente, cuerpo y espíritu.

Para el contacto de información: Swami Rama Foundation of the USA, Inc., 2410 N. Farwell Avenue, Milwaukee, WI 53211, USA. Phone: 414-273-1621, srfoundation@rediffmail.com

VIAJE SAGRADO

*Vivir con Propósito
y Morir sin Miedo*

Swami Rama

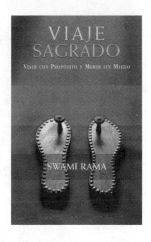

"Para entender la muerte, un
ser humano ha de intentar
entender el propósito de la
vida y la relación entre la vida
y la muerte. Ambas son
afines, cada una le proporciona un contexto a la
otra. La muerte no es un periodo sino tan sólo una
pausa en un largo viaje. Cuando se acepta que la
vida y la muerte tienen un verdadero sentido y un
propósito, y cuando se entiende y se acepta la
muerte como parte del viaje humano, entonces el
miedo a la muerte desaparece y se puede vivir la
vida plenamente."

Este libro trata de la relación entre la vida y la
muerte, del "cómo y porqué" organizar la propia
vida de una manera que conduzca a la expansión,
al crecimiento, y que sea útil para prepararse hacia
la transición que se llama muerte.

ISBN 8-188157-06-6, $12.95, paperback, 144 pages

Available from your local bookseller or:
To order send price of book plus $2.50 for 1st book
and .75 for each additional book (within US)
(Wi.res. add 5.5% sales tax) to:
Lotus Press, PO Box 325, Twin Lakes, WI 53181, USA
Toll Free: 800-824-6396; Phone: 1-262-889-8561
Fax: 1-262-889-246; lotuspress@lotuspress.com
www.lotuspress.com

Conscious Living
A Guidebook for Spiritual Transformation
Swami Rama

This is a practical book for people living in the world. The word "practical" implies that the teaching can be practiced in the world, in the midst of family, career and social obligations. No prior preparation is required for reading this book, and after reading this book, no further teaching is required. If one were to sincerely practice the teachings presented by Sri Swami Rama in this book, one will surely achieve the goal of self- realization, a state described by Swamiji as the summum bonum of life, a state of bliss, a state of perfection.

ISBN 8-188157-03-1; $12.95, paperback, 160 pages

SAMADHI
the Higest State of Wisdom
Yoga the Sacred Science, volume one
Swami Rama

Samadhi: The Highest State of Wisdom brings Patanjali's Yoga Sutras to life in a very personal and helpful way.

Swami Rama's description of the totality of the mind, the functions of the mind, and the emotions, goes far beyond the concepts of modern psychology, and provides insight into the intricacies of yoga psychology, making this an invaluable edition from the therapeutic viewpoint as well as its practicality as a guide for living a healthy, balanced life.

ISBN 8-188157-01-5; $14.95, paperback, 256 pages

Available from your local bookseller or: To order send price of book plus $2.50 for 1st book and .75 for each additional book (within US) (Wi. res. add 5.5% sales tax) to: Lotus Press, PO Box 325, Twin Lakes, WI 53181, USA; Toll Free: 800-824-6396; Phone: 1-262-889-8561; Fax: 1-262-889-2461 lotuspress@lotuspress.com; www.lotuspress.com